Claudia Ossola-Haring (Hrsg.)

Die 144 besten Checklisten zur sinnvollen Kostensenkung

REDLINE WIRTSCHAFT

Claudia Ossola-Haring (Hrsg.)

Die 144 besten Checklisten zur sinnvollen Kostensenkung

Für alle betrieblichen Bereiche /
Schnell einsetzbar /
Praxiserprobt

REDLINE WIRTSCHAFT

Claudia Ossola-Haring (Hrsg.)
Die 144 besten Checklisten zur sinnvollen Kostensenkung
Für alle betrieblichen Bereiche / Schnell einsetzbar / Praxiserprobt
Frankfurt: Redline Wirtschaft, 2004
ISBN 3-636-03007-8

Unsere Web-Adresse:

http://www.redline-wirtschaft.de

3., aktualisierte Auflage 2004

Alle Rechte, insbesondere das Recht der Vervielfältigung und Verbreitung sowie der Übersetzung, vorbehalten. Kein Teil des Werkes darf in irgendeiner Form (durch Fotokopie, Mikrofilm oder ein anderes Verfahren) ohne schriftliche Genehmigung des Verlags reproduziert oder unter Verwendung elektronischer Systeme gespeichert, verarbeitet, vervielfältigt oder verbreitet werden.

Umschlag: INIT, Büro für Gestaltung, Bielefeld
Copyright © 2004 by Redline Wirtschaft, Redline GmbH, Frankfurt/M. Ein Unternehmen der Süddeutscher Verlag Hüthig Fachinformationen
Satz: abc.Mediaservice GmbH, Buchloe
Druck: Himmer, Augsburg
Printed in Germany 03007/090401

Inhaltsverzeichnis

Vorwort 7

I. Kostenrechnungsverfahren und Kostenmanagement 9

II. Controlling 31

III. Unternehmensführung 95

IV. Budgetierung 129

V. Rating und Finanzierung... 139

VI. Jahresabschlüsse und Steuererklärungen............................... 157

VII. Personalwesen 183

VIII. Vertrieb 253

IX. EDV, Medien und Kommunikation 263

Adressen der Autoren.. 322

CD-Benutzerhinweise.. 323

Stichwortverzeichnis 325

Vorwort

Lieber Leser, liebe Leserin, sehr geehrte Nutzer,

die Notwendigkeit, Kosten zu sparen, ist in nahezu allen Unternehmen unbestritten. Was in Boom-Zeiten geradezu von schlechtem Charakter zu zeugen schien und als Schimpfwort galt, nämlich ein „Sparbrötchen" zu sein, ist heute ein Kompliment. Allerdings sollten Sie auch in „Geiz-ist-geil"-Zeiten nicht einfach „sparen, koste es, was es wolle". Denn manche Sparbemühungen erweisen sich als Rohrkrepierer und werden dann erst so richtig teuer. Besser also, Sie überlegen zweimal und sparen sinnvoll.

Richten Sie Ihr unternehmerisches Augenmerk auf die Ziele, nicht auf die Tätigkeiten. Machen Sie also nicht die Dinge richtig, sondern machen Sie die richtigen Dinge. Reduzieren Sie nicht nur die Kosten, sondern erhöhen Sie die Gewinne. Bewahren Sie Ihre Mittel nicht, sondern nutzen Sie sie optimal. Lösen Sie nicht Probleme, sondern schaffen Sie kreative Alternativen. Lassen Sie sich keine Termine diktieren, sondern erzielen Sie Ergebnisse. Vermeiden Sie aber „nebulöse" Zielsetzungen. So sollte Ihr Ziel nicht einfach sein, die Gewinne zu erhöhen/die Kosten zu senken, sondern sie jeden Monat um mindestens 5 000 € zu steigern/zu verringern. Damit können Sie den Zielerreichungsgrad konkret messen.

Sinnvoll Kosten sparen heißt, den Überblick zu haben. Dazu müssen Sie Ihr Unternehmen in allen Teilbereichen überschaubar halten.

Sinnvoll Kosten sparen heißt aber auch zu einem guten Teil Motivation und „Erziehungsarbeit". Sie müssen dafür sorgen, dass Ihre Mitarbeiter nicht nur die Angst vor Kostensenkungsprogrammen verlieren, sondern selbst einen Blick für Einsparungspotenziale entwickeln und (!) die Grenzen des sinnvollen Kostensparens erkennen.

Das vorliegende Buch bietet Ihnen für die wichtigen Bereiche und Problemstellungen in Ihrem Unternehmen Kostenspar-Tipps in Checklistenform. Damit können Sie sicher sein, nichts zu übersehen und kein Problem in seiner Bedeutung zu verkennen.

Ein erfahrenes Autorenteam erarbeitete die Checklisten für Sie – basierend auf langjährigen Erfahrungen. Die Herausgeberin dankt den Mit-Autoren Peter Karg und Susanne Legler, p.i.t.-Organisationsberatung, Berlin, Andreas Hein, TexPress, Bad Sooden-Allendorf, und dem Verlag für die geleisteten Arbeiten.

Ihnen als Leser und Leserin und Nutzer der „144 Checklisten zum sinnvollen Kostensparen" sind wir für Kritik, Anregungen oder Vorschläge dankbar.

Ihringen, August 2004

Prof. Dr. Claudia Ossola-Haring

I.

Kostenrechnungsverfahren und Kostenmanagement

Aufgaben und Aufbau der Kostenrechnung/Handlungsbedarf des Unternehmers

Sie sollten Ihre Kostenrechnung aussagefähig halten, um die Möglichkeit zu schaffen, fundierte und zukunftsorientierte Entscheidungen zu treffen über:

- Ihr optimales Produktionsprogramm
- Ihre Fertigungstiefe (Eigenfertigung/Fremdbezug – „make or buy")
- Preisuntergrenzenbestimmung
- die Möglichkeit oder Notwendigkeit der Hereinnahme von Zusatzaufträgen

Eine Faustregel, um die Kosten in den Griff zu bekommen und langfristig auf einem Tiefstand zu halten: Wo immer es möglich und sinnvoll ist, sollten Fixkosten in variable Kosten umgewandelt werden.

Aufbau eines Kosten-Reporting:

- Zielvorgaben/Planungsdaten
- Kostenrechnung
- Kostenartenrechnung
- Kostenstellenrechnung
- Kostenträgerzeitrechnung
- Kostenträgerstückrechnung
- Soll/Ist/Plan-Vergleich
- Abweichungsanalysen/Schwachstellenanalyse
- Kurskorrekturen
- Maßnahmenprogramme
- Beratungsaufgaben (Controlling)

1. Handlungsbedarf des Unternehmers

Je mehr Fragen Sie mit „Ja" beantworten, desto höher ist der Handlungsbedarf in Ihrem Unternehmen.

	ja	nein
Der Gemeinkostenblock hat sich zu Lasten der Einzelkosten ausgedehnt (schleichender Fixkostenanstieg).		
Die Produktionsvarianten haben sich erhöht.		
Kleinkunden nehmen zu.		
Kleinaufträge nehmen zu.		
Produktionstiefe ist nicht mehr stimmig.		

1. Handlungsbedarf des Unternehmers *(Forts.)*

	ja	nein
Ablauf hemmende Organisationsstrukturen nehmen zu.		
Geschäftsrisiken häufen sich.		
Betriebsgrößenentwicklung verläuft negativ.		
Reklamationen steigen zahlenmäßig.		
Reklamationen steigen wertmäßig.		
Produktkalkulation ist nicht (mehr) aussagefähig.		
Massenprodukte sind zu teuer.		
Sonderprodukte sind zu billig.		
Teure Anlagen haben nur kurze Betriebslaufzeiten.		
Investitionen werden ohne Wirtschaftlichkeitsrechnungen vorgenommen.		
Entwicklung ist nur technisch orientiert.		
Konstruktion ist nur technisch orientiert.		

Eigene Anmerkungen:

2. Instrumente sinnvoller Kosteneinsparungen

Target Costing (Ein detailliertes Beispiel für eine Zielkostenermittlung finden Sie in Checkliste 7.)

1. Was darf ein Produkt am Markt kosten?
2. Welche Zielpreise akzeptiert der Markt?
3. Welche Zielkosten leiten sich aus dem Zielpreis ab?

Grundfrage: Welchen Preis akzeptiert der Markt? Nach diesem Preis müssen die Kosten sinnvoller Weise ausgerichtet sein. Der Weg ist also:

   Zielpreis
./. Zielgewinn

= Zielkosten

Üblich – aber deswegen nicht besser – ist derzeit noch der umgekehrte Weg. Was müsste der Markt zahlen, damit die Kosten gedeckt sind? Hier ist also der Weg:

  Materialkosten
+ Fertigungskosten

= Herstellungskosten

+ Verwaltungskosten
+ Vertriebskosten

= Selbstkosten

+ Plangewinn

= notwendiger Preis

Grüne-Wiese-Denken

Der Neuanfang des Unternehmens auf einer grünen Wiese wird durchdacht. Von diesem Idealzustand wird versucht, soviel wie möglich in die Realität zu übertragen.

Ausgegangen wird von der Fiktion:

- ❏ Keine Liegezeiten
- ❏ Keine Sicherheitsbestände
- ❏ Keine Nacharbeitskapazitäten
- ❏ Keine Mitarbeiter für nicht wertschöpfende Aktivitäten
- ❏ Umwandlung von Umlaufvermögen in rationelles Anlagevermögen

2. Instrumente sinnvoller Kosteneinsparungen *(Forts.)*

Total-Quality-Management (TQM)

Total Quality Management (TQM) ist ein prozessorientiertes System. Hinter „Total Quality Management" steht die Vorstellung, dass Qualitätskontrolle sich nicht auf eine „Endkontrolle" des zu fertigenden Produkts/der Dienstleistung erschöpfen kann. Vielmehr soll die gesamte Unternehmensorganisation – vom Moment des „Inputs" über die diversen Verarbeitungs- und Veredelungsstufen bis zum Moment des Outputs (= Erreichen des Kunden) – die gesetzten Qualitätsstandards überprüfen und einhalten. Durch regelmäßige Messungen der Einhaltung der Qualitätsstandards können Abweichungen davon durch Prozessverbesserung oder -umgestaltung vermieden werden.

TQM ist ein langfristiges, integriertes Konzept, die Qualität von Produkten und Dienstleistungen einer Unternehmung in Entwicklung, Konstruktion, Einkauf, Fertigung und Kundendienst durch die Mitwirkung aller Mitarbeiter termingerecht und zu günstigen Kosten zu gewährleisten sowie kontinuierlich zu verbessern, um eine optimale Bedürfnisbefriedigung der Konsumenten zu ermöglichen.

Die European Foundation for Quality Management (EFQM) sieht TQM-Strategien durch folgende Merkmale charakterisiert:
- ❏ die Güte aller Management-, Betriebs- und Verwaltungsprozesse,
- ❏ eine Kultur der ständigen Verbesserung bezüglich aller Aspekte der Geschäftsaktivität,
- ❏ das Verständnis, dass Qualitätsverbesserung zu Kostenvorteilen und einem besseren Gewinnpotenzial führt,
- ❏ die Herstellung intensiverer Beziehungen zu Kunden und Zulieferern,
- ❏ die Einbeziehung der gesamten Belegschaft,
- ❏ marktorientierte Organisationspraktiken.

Eigene Anmerkungen:

Umsatzkostenverfahren

Das Umsatzkostenverfahren ist vorteilhaft für Unternehmen, die ihren Jahresabschluss veröffentlichen müssen, denn sie geben in der Gewinn- und Verlustrechnung keine Informationen über die Entwicklung der Lagerbestände preis.

Nachteil: Mehrarbeit in der Betriebsbuchführung

Erfolg oder Verlust eines Geschäftsjahres werden beim Umsatzkostenverfahren durch den Vergleich der Umsatzerlöse mit den Herstellungskosten der verkauften Erzeugnisse ermittelt. Ob ein Betrieb auf Lager produziert hat oder ob zusätzlich Bestände aus früheren Geschäftsjahren verkauft wurden, spielt keine Rolle.

Verfahren:

+ Umsatzerlöse
./. Herstellungskosten der umgesetzten Leistungen

= Bruttoumsatzergebnis

./. Vertriebskosten
./. allgemeine Verwaltungskosten
+ sonstige Betriebserträge
./. sonstige Betriebsaufwendungen
+ Erträge aus Beteiligungen
+ Erträge aus Wertpapieren
+ sonstige Zinserträge
./. Abschreibungen aus Finanzanlagen
./. Zinsen und ähnlicher Aufwand

= Ergebnis der gewöhnlichen Geschäftstätigkeit

+ außerordentliche Erträge
./. außerordentliche Aufwendungen

= außerordentliches Ergebnis

./. Steuern vom Einkommen und vom Ergebnis
./. sonstige Steuern

= Jahresüberschuss/Jahresfehlbetrag

Wichtig: Es müssen Produktgruppen gebildet werden, die ähnliche Kostenstrukturen aufweisen. Nur so ist die Erfolgsrechnung wirklich aussagekräftig.

3. Kurzfristige Erfolgsrechnung auf Deckungsbeitragsbasis

	Monat absolut	Produktgruppe in %
+ Bruttoumsätze ./. Erlösschmälerungen		
= Nettoumsatz ./. Fertigungskosten (Material, Löhne) ./. Energiekosten ./. Verpackung ./. Frachtkosten +/./. Bestandsveränderungen		
= Deckungsbeitrag I		
./. zurechenbare Fixkosten (Material, Vertrieb)		
= Deckungsbeitrag II		
./. allgemeine Verwaltungskosten Personal Geschäftsleitung Rechnungswesen usw.		
= Betriebsergebnis		
+/./. neutrales Ergebnis		
= Unternehmensergebnis		

Eigene Anmerkungen:

- -

- -

- -

- -

- -

4. Umsatzkostenverfahren

Je mehr Fragen Sie mit „Ja" beantworten, desto eher sollten Sie das Umsatzkostenverfahren statt des Gesamtkostenverfahrens wählen.

	ja	nein
Wir benötigen exaktere Entscheidungsgrundlagen als jene, die wir bei einer Rechnung mit vollen Kosten erhalten würden.		
Wir müssen/wollen alle Produkte oder Produktgruppen hinsichtlich ihres Beitrags zum Gesamtergebnis exakt beurteilen können.		
Wir wollen/müssen das Produktionsprogramm hinsichtlich seiner Zusammenstellung optimieren.		
Wir benötigen trotz der Zusammenfassung von Produkten zu Gruppen Grundaussagen darüber, ob ähnliche Kostenstrukturen vorliegen.		
Den höheren Personalaufwand durch Kostenstellenrechnung nehmen wir in Kauf.		
Den höheren Zeitaufwand durch Kostenstellenrechnung nehmen wir in Kauf.		
Den höheren EDV-Aufwand durch Kostenstellenrechnung nehmen wir in Kauf.		

Eigene Anmerkungen:

Gesamtkostenverfahren

Beim Gesamtkostenverfahren werden sämtliche Kosten eines Geschäftsjahres zusammengezählt und den Umsätzen gegenübergestellt. Mit dabei sind auch die Kosten für Erzeugnisse, die gar nicht in dem betreffenden Jahr verkauft, also auf Lager produziert wurden.

Mit dem Gesamtkostenverfahren geben Sie in der Gewinn- und Verlustrechnung über das Konto Bestandsveränderungen Informationen über die Ertragslage preis, die für Konkurrenten höchst interessant sind: nämlich ob auf Lager produziert wurde, also der Absatz womöglich ins Stocken geraten ist, oder ob die Lagerbestände abgenommen haben.

Bedenken Sie: Wenn Sie Ihr Unternehmen als GmbH führen, müssen Sie den Jahresabschluss offen legen. Ihre Mitbewerber könnten hier mehr Informationen erhalten, als Ihnen möglicherweise lieb ist.

Verfahren:

- \+ Umsatzerlöse
- +/./. Lagerbestände (Halb- und Fertigerzeugnisse, Handelsware)
- ./. andere aktivierte Eigenleistungen
- \+ sonstige betriebliche Erträge
- ./. Materialaufwand:
    - Aufwand für Roh-, Hilfs- und Betriebsstoffe und bezogene Ware
    - Aufwand für bezogene Fremdleistungen
- ./. Personalaufwand:
    - Löhne und Gehälter
    - soziale Abgaben und Aufwendungen für die Altersversorgung
- ./. Abschreibungen:
    - auf das Anlagevermögen
    - auf das Umlaufvermögen
- ./. sonstige betriebliche Aufwendungen
- \+ Erträge aus Beteiligungen
- \+ Erträge aus dem Finanzanlagevermögen
- \+ sonstige Zinsen und ähnliche Erträge
- ./. Abschreibungen auf Finanzanlagen und Wertpapiere des Umlaufvermögens

- = Ergebnis der gewöhnlichen Geschäftstätigkeit

- \+ außerordentliche Erträge
- ./. außerordentliche Aufwendungen

- = außerordentliches Ergebnis

- ./. Steuern vom Einkommen und vom Ertrag
- ./. sonstige Steuern

- = Jahresüberschuss/Jahresfehlbetrag

5. Gesamtkostenverfahren

Je mehr Fragen Sie mit „Ja" beantworten, desto eher sollten Sie das Gesamtkosten- statt des Umsatzkostenverfahrens wählen.

	ja	nein
Die Entscheidungsgrundlagen nach der Rechnung mit vollen Kosten genügen uns.		
Wir müssen/wollen nur die wenigsten Produkte oder Produktgruppen hinsichtlich ihres Beitrags zum Gesamtergebnis exakt beurteilen können.		
Wir brauchen das Produktionsprogramm hinsichtlich seiner Zusammenstellung nicht zu optimieren.		
Wir brauchen die Produkte nicht in Gruppen zusammenzufassen, sodass wir auch beim Gesamtkostenverfahren wissen, wenn ähnliche Kostenstrukturen vorliegen.		
Eine Kostenstellenrechnung bringt uns nur wenig mehr an Entscheidungsgrundlagen.		

Eigene Anmerkungen:

Kalkulation mit Äquivalenzziffern

Verschiedene Ihrer Produkte, die eigentlich nicht vergleichbar scheinen, können durch Äquivalenzziffern vergleichbar gemacht werden, um ihre Rangfolge beim Gesamterlös zu ermitteln. Werden nämlich die Stückzahlen mit dem Wertungsfaktor Preis zu ihren Erlöswerten „gleich gemacht", so zeigt sich das „Gewicht" der Artikel am Gesamterlös und Sie können „Renner" oder „Ladenhüter" entdecken.

Die Zahlen, mit deren Hilfe inhaltlich unterschiedliche Glieder einer Zahlenreihe „gleich gemacht" werden können, sind Wertungs- oder Gewichtungsfaktoren, also „Äquivalenzziffern". Erst durch Äquivalenzziffern werden verschiedene Zahlen vergleichbar gemacht, können zusammengezählt und einzeln zum Gesamtwert ins Verhältnis gesetzt werden.

6. Beispiel für eine Äquivalenzziffernkalkulation

Beispiel: Sie haben in Ihrem Sortiment vier Artikel, A, B, C und D.

Leistungsmenge

Artikel	Anzahl	Anteil an der Gesamtmenge in %	Rang im Verhältnis zur Gesamtmenge
A	300	30	II
B	200	20	III
C	400	40	I
D	100	10	IV
Total:	1000	100	–

Leistungswert

Artikel	Verkaufspreis in €	Verkaufserlös in €	Anteil am Gesamterlös in %	Rang im Verhältnis zum Gesamterlös
A	40,–	12,–	36,4	I
B	40,–	8,–	24,2	II
C	15,–	6,–	18,2	IV
D	70,–	7,–	21,2	III
Total:	–	33,–	100,0	–

6. Beispiel für eine Äquivalenzziffernkalkulation *(Forts.)*

Deckungsbeitrag

Artikel	Deckungsgrad in %	Deckungsbeitrag in €	Anteil in %	Rang
A	16	1.920,–	28,4	II
B	21	1.680,–	24,9	III
C	20	1.200,–	17,7	IV
D	28	1.960,–	29,0	I
Total:		6.760,–	100,0	–

```
  + Deckungsbeitrag   6.760,– €
 ./. Fixkosten        7.000,– €
  ─────────────────────────────
  = Ergebnis       ./.  240,– €
```

Eigene Anmerkungen:

Target Costing

Target Costing ist ein markt- und strategieorientiertes Kalkulationsverfahren. Im Vordergrund steht nicht mehr die Kostenkontrolle, sondern die Kostenplanung und Kostensenkung. Target Costing geht den „umgekehrten" Weg wie die „normale" Kostenrechnung. Anstatt über die angefallenen Kosten den Mindestverkaufspreis zu bestimmen, ist Target Costing ein Verfahren zur Rückrechnung der Herstellungskosten bzw. Fertigungskosten, die bei einem gegebenen Marktpreis höchstens anfallen dürfen.

7. Target Costing

Möglichkeiten zur Ermittlung der Zielkosten

1. Orientieren Sie sich am möglichen Marktpreis.
2. Ermitteln Sie die Ziel- oder Herstellungskosten aufgrund von Erfahrungen und vorhandenen betrieblichen Fähigkeiten und Fertigkeiten.
3. Ermitteln Sie die Zielkosten oder Herstellungskosten an den Konkurrenzangeboten.

Zielkostenermittlung aufgrund vorhandener Marktpreise

	möglicher Marktpreis	100.000,– €
./.	Mindestgewinn (20%)	20.000,– €
=	Zwischensumme	80.000,– €
./.	Vertriebskosten	8.600,– €
./.	Sonderkosten Vertrieb	5.000,– €
./.	Verwaltungskosten	5.600,– €
=	Zwischensumme	60.800,– €
./.	Konstruktion	23.500,– €
./.	Werkzeuge	10.000,– €
=	Zwischensumme	27.300,– €
./.	Material	6.000,– €
./.	Material-Gemeinkosten	1.000,– €
./.	Material-Lager-Zinsen (10%) bei Lagerung (2,5 Monate)	150,– €
=	verbleibender Betrag für Fertigung	20.150,– €

Kostenmanagement

Das Kostensparpotenzial:

Um bei den in Ihrem Unternehmen anfallenden Kosten das genaue, sinnvolle Sparpotenzial herauszuarbeiten, müssen Sie zunächst Kostentransparenz herstellen. Daran anschließend sind die Möglichkeiten zur Kostensenkung fallbezogen herauszuarbeiten.

Unterscheiden Sie bei den Kostenblöcken die Ebene der „Zurechenbarkeit" und die Ebene der „Beeinflussbarkeit". Einzelkosten und Gemeinkosten unterscheiden sich bezüglich ihrer Zurechenbarkeit; variable Kosten und Fixkosten bezüglich ihrer Beeinflussbarkeit. Sie sollten regelmäßig jeden Kostenblock auf seine Beeinflussbarkeit prüfen. Auch Kosten verändern sich!

Einzelkosten sind variable Kosten. Einzelkosten sind dem Kostenträger direkt zurechenbar. Gemeinkosten sind zu unterscheiden in direkte und indirekte Gemeinkosten. Direkte Gemeinkosten können den einzelnen Kostenträgern verursachungsgerecht zugerechnet werden.

Indirekte Gemeinkosten sind dem Kostenträger nicht verursachungsgerecht zurechenbar. Man weiß zwar, welche Kosten (Kostenarten) wo (Kostenstellen) entstehen, aber nicht wodurch!

Die Gemeinkosten sind weiterhin zu unterteilen in:

- ❏ nicht oder schwer beeinflussbare Kosten
- ❏ langfristig beeinflussbare Kosten
- ❏ kurzfristig beeinflussbare Kosten
- ❏ sofort beeinflussbare Kosten

8. Kostensparpotenziale bei Einzelkosten

	ja	Kosten/Ist	noch nicht	Kosten/geplant
Fertigungsmaterial				
Konstruktionsstücklisten überprüft				
Fertigungsstücklisten überprüft				
Montagestücklisten überprüft				
Normung überprüft				
Teilefamilien gebildet				
Teilevielfalt reduziert				

8. Kostensparpotenziale bei Einzelkosten *(Forts.)*

	ja	Kosten/Ist	noch nicht	Kosten/geplant
Preisgünstigere Materialarten auf Verwendbarkeit geprüft				
Einkaufskooperationen gebildet				
Eigenfertigung oder Fremdbezug geprüft				
Variable Kapazitätskosten				
Fertigungslöhne überprüft				
Lohnzusatzkosten überprüft				
Energiekosten je Arbeitsplatz überprüft				
Werkzeuge je Arbeitsplatz überprüft				
Instandhaltungen je Arbeitsplatz überprüft				
Anzahl der Arbeitsplätze überprüft				
Flexible Bearbeitungszentren geschaffen				
Möglichkeit zur Senkung der Rüstzeit überprüft				
Möglichkeit der Verkürzung der Durchlaufzeit überprüft				
Fertigungssonderkosten				
Einsatz computergesteuerter Fertigungsanlagen überprüft				
Vertriebssonderkosten				
Verkaufsprovision überprüft				
Verkaufsverpackungen überprüft				
Ausgangsfrachten überprüft				
Kundenskonti überprüft				

8. Kostensparpotenziale bei Einzelkosten *(Forts.)*

	ja	Kosten/Ist	noch nicht	Kosten/geplant
Erlösschmälerungen (Preisnachlässe usw.) überprüft				
Vertriebskosten				
Einsatz zentraler Auslieferungsstützpunkte überprüft				
Einsatz selbständiger Handelsvertreter überprüft				
Provisionshöhe überprüft				
Höhe des Fixums überprüft				
Deckungsbeitrag anstelle des Umsatzwerts verprovisioniert				
Qualitätssicherheitsmaßnahmen eingeführt				

9. Kostensparpotenziale bei den Gemeinkosten

	ja	Kosten/Ist	noch nicht	Kosten/geplant
Erzeugnisgruppenfixe Herstellkosten				
Höhe der Ausschussarbeiten überprüft				
Höhe der Nacharbeiten überprüft				
Höhe der Zeitzuschlagskosten überprüft				
Angefallene Vorrichtungen überprüft				
Angefallene Prüfwerkzeuge überprüft				
Angefallene Modelle überprüft				
Angefallene Versuchs- und Entwicklungskosten überprüft				

9. Kostensparpotenziale bei den Gemeinkosten *(Forts.)*

	ja	Kosten/Ist	noch nicht	Kosten/geplant
Fixe Kapazitätskosten überprüft				
Arbeitsplatzkosten überprüft				
Abschreibungen je Arbeitsplatz überprüft				
Zinsen je Arbeitsplatz überprüft				
Raumkosten je Arbeitsplatz überprüft				
Stellengemeinkosten je Arbeitsplatz überprüft				
Erzeugnisgruppenfixe Vertriebskosten				
Vertrieb nach Geschäftsfeldern überprüft				
Kundendienst nach Geschäftsfeldern überprüft				
Messeveranstaltungen nach Geschäftsfeldern überprüft				
Allgemeinfixe Kosten				
Materialbereich überprüft				
Verwaltungsbereich überprüft				
Vertriebskosten (ohne erzeugnisgruppenfixe) überprüft				

Eigene Anmerkungen:

- -

- -

- -

- -

- -

Kostenplanung

Das Kostensparpotenzial:

In vielen – nicht nur kleinen und mittleren – Unternehmen wird oft viel Zeit für die Planung der Erlöse aufgewendet. Die Kosten werden meist nicht geplant, sondern als gegeben hingenommen. Hat sich die Erkenntnis, dass die Kosten zu hoch sind (Frage: Zu hoch bezüglich welcher Grundlage?), durchgesetzt, werden in Ermangelung von konkreten Plänen oft mehr (seltener) oder weniger (häufiger) qualifizierte Sparmaßnahmen in die Wege geleitet. Meist zu spät.

Dabei reichen im ersten Schritt eine grobe Planung einiger Kostenarten und ein Instrument der regelmäßigen Kontrolle, um gefährliche Kostenabweichungen schnell zu erkennen. Wer keine gesonderte Kostenrechnung will, kann hier sogar auf die Daten der Buchhaltung zurückgreifen.

Sinn der Kostenplanung ist es, einen Überblick über die zu erwartenden Kosten der nächsten Planperiode zu erhalten. Dabei müssen alle Kostenarten berücksichtigt werden. Dann besteht die Möglichkeit, eine Kostenkontrolle auch ohne ausgefeilte Budgetrechnung zu betreiben.

Um sinnvolle Aussagen in Ihrer Kostenplanung zu erhalten, sollten Sie auch ungewisse Kostenarten schätzen. Es ist auf jeden Fall besser, einen ungenauen Schätzwert zu haben als gar keine Angabe.

Vorgehensweise bei der Kostenplanung:

- ❏ Festlegung des Informationsbedarfs für die Kostenplanung
- ❏ Welche Daten werden benötigt?
- ❏ Welche Quellen werden benötigt?
- ❏ Information der Fachabteilungen durch das Controlling
- ❏ Überwachung der vorgegebenen Abgabetermine durch das Controlling
- ❏ Erläuternde Gespräche zwischen dem Controller und dem Abteilungsleiter des Fachbereichs
- ❏ Geschäftsleitung gibt Richtlinien und Unternehmensziele, die Einfluss auf die Kostenentwicklung haben, an das Controlling.
- ❏ Plausibilitätskontrolle der abgegebenen Planzahlen
- ❏ Überprüfung der abgegebenen Planzahlen auf Übereinstimmung mit den vorgegebenen Zielen
- ❏ Anpassung der Zusammenarbeit mit den Dachabteilungen
- ❏ Erstellung des Kostenplans
- ❏ Verteilung der Jahreswerte auf die Planperiode (meist Monate)
- ❏ Abstimmung und Koordination mit den übrigen Plänen

10. Vollständige Kostenplanung

	notwendig	wünschenswert	unnötig
Erkennbarkeit des voraussichtlichen Ergebnisses der Planperiode			
Möglichkeit der frühzeitigen Gegensteuerung			
Aufbau eines Kosten-Kontrollsystems			
Erkennbarkeit der Abweichung einzelner Kostenarten von Planwerten			
Möglichkeit der Untersuchung der Gründe für die Abweichungen			
Möglichkeit der Reaktion auf Abweichungen			
Steigerung des Kostenbewusstseins			
Aufzeigen von Kosten-Einsparmöglichkeiten			
Überprüfung der Kosten der Controllingabteilung			

Eigene Anmerkungen:

11. Kontrolle der Entwicklung der Herstellkosten

- ❏ Im Rahmen des Jahresplans und des Produktionsprogramms müssen bekannt sein:
  - Materialeinsatz (Stücklisten) pro Produktionseinheit
  - Arbeits- oder Maschineneinsatz (Vorgabezeiten) pro Produktionseinheit
  - Durchlaufzeit der Produkte und
  - Auslastungsgrad der Kapazitäten

- ❏ Mängel im Fertigungsablauf zeigen an:
  - hohe Ausschussquote
  - viel Nacharbeit
  - mangelnde Abfallverwertung
  - hohe Ausfall- und Wartezeiten

- ❏ Lieferanten auf Zuverlässigkeit und Qualitätsstandard regelmäßig überprüfen und Konkurrenten regelmäßig testen

- ❏ Entscheidungen über Fremdbezug oder Eigenfertigung regelmäßig überprüfen

- ❏ Die Herstellkosten können gesenkt werden durch:
  - Konstruktionsänderungen (Wertanalyse)
  - hohen Automatisierungsgrad, z.B. Handhabungsautomaten
  - andere Maschinenkombinationen
  - schnelleren Produktionsdurchlauf
  - bessere Kapazitätsausnutzung
  - Verlagerung zu anderen Produktionsstätten oder Abteilungen
  - Transporte: zweckmäßigere Behälter, kürzere Wege
  - andere Technologie (Gießteil statt Drehteil)
  - billigere Oberflächenbehandlung
  - weniger Abfall, Ausschuss, Nacharbeit, Wartezeiten
  - weniger Personal
  - niedrigere Einkaufspreise
  - Fremdbezug statt Eigenfertigung und umgekehrt
  - geringeren Energieverbrauch
  - Standardprodukte statt Sonderanfertigungen
  - Verringerung der Standardzeiten (Vorgabezeiten)
  - Fertigungsverkettung oder Fließfertigung statt Werkbankfertigung
  - Gruppenfertigung
  - geplante Instandhaltung
  - geringere Lagerhaltung („Just-in-time")
  - Verwendung des Abfalls (Recycling)
  - geeignetes und einwandfreies Werkzeug
  - Erhöhung der Werkzeug-Standzeiten
  - Verringerung der Rüstzeiten
  - Engpassbeseitigung
  - Erleichterung in Zusammenbau und Montage
  - Taktoptimierung
  - Einsatz billigerer Materialien (Kunststoff statt NE-Metall)

II.
Controlling

Controlling-System

Das Kostensparpotenzial:

Ein Controlling-System steuert die Kosten- und damit die Gewinnentwicklung „einfach" dadurch, dass es regelmäßig und gezielt Ist-Werte mit Plan-Werten vergleicht, die Ursachen von möglichen Abweichungen analysiert und Gegenmaßnahmen daraus entwickelt.

12. Notwendige Organisationsstruktur beim Controlling

	vorhanden	zu schaffen	nicht gewünscht
Kostenstellen			
Kostenstellenverantwortliche			
Deckungsbeitragsrechnung			
Profit Center			
Sparten			
Bereichs-Controller			
Zentral-Controller			

Eigene Anmerkungen:

- -

- -

- -

- -

- -

- -

Material-Controlling

Das Kostensparpotenzial:

Wie hoch Ihr Materialaufwand und dementsprechend dessen Einkauf ist, hängt ganz maßgeblich von der Art Ihres Unternehmens ab. Naturgemäß haben reine Dienstleistungsbetriebe fast kaum materiellen Einsatz – dafür aber höhere Personalkosten. Umgekehrt haben reine Produktionsunternehmen im Vergleich zu den anfallenden Personalkosten hohe Kosten für Materialeinsatz. Handelsbetriebe wiederum haben ebenfalls einen recht niedrigen Materialaufwand, da sie in aller Regel die bezogenen Produkte nahezu unverändert weiterverkaufen. In der Praxis gibt es jede nur denkbare Mischform der genannten Firmentypen.

Ansätze zum Kostensparen:

- ❏ Regelmäßig Angebote von Fremdleistungen einholen
- ❏ Regelmäßig Qualität der gelieferten Fremdleistungen überprüfen
- ❏ Bezugskosten überprüfen und vergleichen
- ❏ Erhaltene Skonti überprüfen und vergleichen
- ❏ Vorratsmengen optimieren

13. Planung Materialeinkauf

Titel	Vorjahr	1. Quartal Ist/Plan/ Differenz	2. Quartal Ist/Plan/ Differenz	3. Quartal Ist/Plan/ Differenz	4. Quartal Ist/Plan/ Differenz	Summe Ist/Plan/ Differenz
+ Fertigerzeugnisse Lageraufstockung						
./. Fertigerzeugnisse Lagerabbau						
+ Unfertige Erzeugnisse Lageraufstockung						
./. Unfertige Erzeugnisse Lagerabbau						
= Bestandsveränderungen Fertige/Unfertige Erzeugnisse						

Lager-Controlling

Das Kostensparpotenzial:

Wie viele und welche Güter Sie auf Lager haben müssen, und wenn ja auf welchen Lägern, hängt maßgeblich von der Art Ihres Unternehmens ab. Naturgemäß haben reine Dienstleistungsbetriebe fast kaum Lagerbedarf. Auch reine Produktionsunternehmen haben – vorausgesetzt die Produktion ist eng an den Liefertakt gekoppelt und auch die erstellten Produkte werden gleich weitergeliefert – kaum hohe Kosten für Läger. Handelsbetriebe wiederum haben höhere Lagerkosten. In der Praxis gibt es jede nur denkbare Mischform der genannten Firmentypen.

Ansätze zum Kostensparen:

- Bezugskosten überprüfen und vergleichen
- Erhaltene Skonti überprüfen und vergleichen
- Vorratsmengen optimieren
- Lagermengen optimieren
- Liefergeschwindigkeiten der Anbieter vergleichen
- Produktionsrhythmen überprüfen und ggf. an Liefertakt anpassen

14. Planung Lager

Titel	Vorjahr	1. Quartal Ist/Plan/Differenz	2. Quartal Ist/Plan/Differenz	3. Quartal Ist/Plan/Differenz	4. Quartal Ist/Plan/Differenz	Summe Ist/Plan/Differenz
+ Zugang Rohstoffe						
./. Abgang Rohstoffe						
+ Zugang Hilfsstoffe						
./. Abgang Hilfsstoffe						
+ Zugang Betriebsstoffe						
./. Abgang Betriebsstoffe						

14. Planung Lager *(Forts.)*

Titel	Vorjahr	1. Quartal Ist/Plan/ Differenz	2. Quartal Ist/Plan/ Differenz	3. Quartal Ist/Plan/ Differenz	4. Quartal Ist/Plan/ Differenz	Summe Ist/Plan/ Differenz
= Bestandsänderungen Roh-, Hilfs- und Betriebsstoffe						
+ Warenzugang						
./. Warenabgang						
= Bestandsänderungen Waren						
+ Fremdleistungen						
+ Bezugskosten						
./. Erhaltene Skonti						
= Materialaufwand						
+/./. Übertrag Bestandsveränderungen RHB						
+/./. Übertrag Bestandsveränderungen Waren						
= Materialeinkauf						

Personalkosten-Controlling

Das Kostensparpotenzial:

Wie hoch Ihr Personalaufwand ist, hängt ganz maßgeblich von der Art Ihres Unternehmens ab. Naturgemäß haben reine Dienstleistungsbetriebe – im Vergleich zu dem kaum ins Gewicht fallenden materiellen Einsatz – wesentlich höhere Personalkosten. Umgekehrt haben reine Produktionsunternehmen kaum anfallende Personalkosten, dafür hohe Kosten für Materialeinsatz. Bei Handelsbetrieben wiederum hängt die Höhe der Personalkosten wesentlich von dem Umfang der Warenpalette bzw. der Erklärungsbedürftigkeit der gehandelten Waren ab.

Ansätze zum Kostensparen:

- ❏ Fluktuation unter qualifiziertem Personal senken
- ❏ Krankenstände senken
- ❏ Outsourcing prüfen

15. Planung Personalkosten

Titel	Vorjahr	1. Quartal Ist/Plan/ Differenz	2. Quartal Ist/Plan/ Differenz	3. Quartal Ist/Plan/ Differenz	4. Quartal Ist/Plan/ Differenz	Summe Ist/Plan/ Differenz
Abteilung 1 Fixe Entgelte (Brutto-Löhne und/oder -Gehälter)						
Abteilung 2 Fixe Entgelte						
Abteilung 3 Fixe Entgelte						
...						
Lohnnebenkosten						
= Summe Fixe Entgelte						

15. Planung Personalkosten *(Forts.)*

Titel	Vorjahr	1. Quartal Ist/Plan/ Differenz	2. Quartal Ist/Plan/ Differenz	3. Quartal Ist/Plan/ Differenz	4. Quartal Ist/Plan/ Differenz	Summe Ist/Plan/ Differenz
Abteilung 1 Variable Entgelte (Brutto-Löhne und/ oder -Gehälter)						
Abteilung 2 Variable Entgelte						
Abteilung 3 Variable Entgelte						
...						
Lohnnebenkosten						
= Summe Variable Entgelte						
Abteilung 1 Zusätzliche Entgelte (Brutto-Löhne und/ oder -Gehälter)						
Abteilung 2 Zusätzliche Entgelte						
Abteilung 3 Zusätzliche Entgelte						
...						
Lohnnebenkosten						

15. Planung Personalkosten *(Forts.)*						
Titel	Vorjahr	1. Quartal Ist/Plan/ Differenz	2. Quartal Ist/Plan/ Differenz	3. Quartal Ist/Plan/ Differenz	4. Quartal Ist/Plan/ Differenz	Summe Ist/Plan/ Differenz
= Summe Zusätzliche Entgelte						
Abteilung 1 Aushilfslöhne						
Abteilung 2 Aushilfslöhne						
Abteilung 3 Aushilfslöhne						
...						
Lohnnebenkosten						
= Summe Aushilfslöhne						
= Personalkosten						

Eigene Anmerkungen:

- -

- -

- -

- -

- -

- -

Raumkosten-Controlling

Das Kostensparpotenzial:

Wie hoch Ihre Raumkosten sind, hängt einmal davon ab, wie viele Mitarbeiter Sie haben, in welchen Zeiträumen Ihre Mitarbeiter arbeiten können (Teilzeit, Schicht, ...), wie die Tätigkeiten dieser Mitarbeiter ausgestaltet sind, welche sanitären Einrichtungen Sie benötigen, welchen Bedarf an Produktions- und Lagerraum Ihr Unternehmen hat.

Verfallen Sie aber nicht in den Fehler, verminderten Raumbedarf gleichzusetzen mit weniger Kosten. Unter Umständen kann der geringere Raum sogar kontraproduktiv sein, weil z.B. die Lieferfrequenz für Waren oder Material sich erhöht, weil der Krankenstand in bestimmten Abteilungen steigt, weil in Großraumbüros die Kosten für Lärmschutzmaßnahmen oder Klimatisierung steigen. Beziehen Sie hier also im Sinne von Benchmarking durchaus Erfahrungswerte aus anderen Unternehmen in den Vergleich ein.

16. Planung Raumkosten

Titel	Vorjahr	1. Quartal Ist/Plan/ Differenz	2. Quartal Ist/Plan/ Differenz	3. Quartal Ist/Plan/ Differenz	4. Quartal Ist/Plan/ Differenz	Summe Ist/Plan/ Differenz
Miete Gebäude 1						
Miete Gebäude 2						
Miete Gebäude 3						
...						
Gas Gebäude 1						
Gas Gebäude 2						
Gas Gebäude 3						
...						
Strom Gebäude 1						

16. Planung Raumkosten *(Forts.)*

Titel	Vorjahr	1. Quartal Ist/Plan/ Differenz	2. Quartal Ist/Plan/ Differenz	3. Quartal Ist/Plan/ Differenz	4. Quartal Ist/Plan/ Differenz	Summe Ist/Plan/ Differenz
Strom Gebäude 2						
Strom Gebäude 3						
...						
Wasser Gebäude 1						
Wasser Gebäude 2						
Wasser Gebäude 3						
...						
Reinigung Gebäude 1						
Reinigung Gebäude 2						
Reinigung Gebäude 3						
...						
Instandhaltung Gebäude 1						
Instandhaltung Gebäude 2						
Instandhaltung Gebäude 3						
...						

16. Planung Raumkosten *(Forts.)*

Titel	Vorjahr	1. Quartal Ist/Plan/ Differenz	2. Quartal Ist/Plan/ Differenz	3. Quartal Ist/Plan/ Differenz	4. Quartal Ist/Plan/ Differenz	Summe Ist/Plan/ Differenz
Sonstiges Gebäude 1						
Sonstiges Gebäude 2						
Sonstiges Gebäude 3						
...						
= Raumkosten						

Eigene Anmerkungen:

- -

- -

- -

- -

- -

- -

- -

- -

- -

- -

Controlling von Steuern

Das Kostensparpotenzial:

Steuern können Sie auch innerhalb der legalen Grenzen planen. Häufig genug handelt es sich um eine echte Steuerersparnis. Meist aber um eine – zinsgünstige – Steuerverschiebung in eine nächste oder weiter entfernte Periode. (Vgl. Checkliste 80: Progressive Bilanzierung bzw 81: Konservative Bilanzierung.)

Steuerplanung sollte eng mit der Umsatz- und Ertragsplanung, mit der Investitionsplanung und der Expansionsplanung verknüpft sein und sollte diese Pläne unterstützen und ergänzen. Steuerplanung sollte nie Selbstzweck sein und zu wirtschaftlich unsinnigen oder zweifelhaften Aktionen verleiten!

Am besten ist, Sie bleiben hier im regelmäßigen Gespräch mit Ihrem Steuerberater.

Sobald sich veränderte Steuerzahlungen ergeben, sollten Sie im eigenen Interesse regelmäßig die Steuervorauszahlungen anpassen. Sei es, dass Sie sonst unterjährig zu viel Steuern vorauszahlen, sei es, dass Sie sonst am Jahresende zu viel Steuern nachzahlen müssen und (!) die Vorauszahlungen für das vergangene – das zukünftige dann sowieso – Jahr angepasst werden. Sollten Sie die Vorauszahlungen nicht an die gestiegenen Erträge anpassen, so entsteht unter Umständen innerhalb kurzer Zeit ein erheblicher Mittelabfluss, den Sie möglicherweise teuer finanzieren müssten.

Ansätze zum Kostensparen:

- Bewertungswahlrechte ausnutzen
- Pensionsrückstellungen bilden
- Reinvestitionsrücklagen bilden
- Sonderabschreibungen nutzen
- Ansparabschreibung nutzen
- Rechnungen entweder vor dem Bilanzstichtag oder erst nach dem Bilanzstichtag schreiben
- Ehegatten-Arbeitsverträge schließen
- Ausbildungsdienstverträge mit Kindern schließen
- Gewinne auf Tochterfirmen verlagern
- Gewinne ins Ausland transferieren
- Vorauszahlungen nach oben oder unten anpassen (Antrag ans Finanzamt)
- Vorziehen von Investitionen, wenn negative Steueränderungen wahrscheinlich
- Abwarten mit Investitionen, wenn positive Steueränderungen wahrscheinlich
- Gesamtheitliche Betrachtung nicht vernachlässigen! Ein Steuervorteil bei der Einkommensteuer kann durch einen Steuernachteil, z.B. bei der Umsatzsteuer, überkompensiert werden!

17. Planung Steuerzahlungen

Titel	Vorjahr	1. Quartal Ist/Plan/ Differenz	2. Quartal Ist/Plan/ Differenz	3. Quartal Ist/Plan/ Differenz	4. Quartal Ist/Plan/ Differenz	Summe Ist/Plan/ Differenz
Einkommensteuer (Einzelunternehmer, OHG, KG)						
Körperschaftsteuer (GmbH/AG)						
Umsatzsteuer						
Gewerbesteuer						
Lohnsteuer						
Grundsteuer						
Grunderwerbsteuer						

Eigene Anmerkungen:

Controlling von Versicherungen

Das Kostensparpotenzial:

Es ist eine Binsenweisheit, deren Wahrheitsgehalt den meisten aber immer erst im konkreten (Schadens-)Fall zum Bewusstsein kommt: Überversicherung ist wirtschaftlich unsinnig, da teuer. Unterversicherung aber ist wirtschaftlich unsinnig, da existenzgefährdend!

Es gilt also, zunächst die notwendigen Versicherungen für Ihr Unternehmen überhaupt zu ermitteln. Welche Versicherungen notwendig sind, hängt maßgeblich von der Art Ihres Unternehmens ab. Natürlich ändern sich die Gegebenheiten, sodass Sie hier in regelmäßigen Abständen die Notwendigkeit von Versicherungen überprüfen müssen. Genauso wie Sie überprüfen müssen, ob der Markt zwischenzeitlich Versicherungen anbietet, die Ihren Bedürfnissen eher entsprechen als eine, die Sie vor Jahren – mangels Alternativen – abschließen mussten.

Wenn Sie sich darüber im Klaren sind, welche Versicherungen notwendig sind, können Sie darangehen, den günstigsten Anbieter herauszufinden. „Handeln" über Versicherungsbedingungen, -ausschlüsse oder Zahlungsmodalitäten ist übrigens nicht nur „erlaubt", sondern in den Größenordnungen, in denen Sie wahrscheinlich abschließen, geradezu „Pflicht". Durch mehrjährige Beobachtung der Prämien- und Schadensverläufe sollten Sie die Angemessenheit der Prämien überwachen.

Außerdem müssen Sie sich darüber im Klaren sein: Die Geldentwertung führt zu einer Unterversicherung, wenn Sie die Versicherungssumme nicht laufend anpassen.

Ansätze zum Kostensparen durch Versicherungen-Übersicht:

- ❏ Versicherungsart
- ❏ Unternehmen
- ❏ Mögliche Konkurrenzunternehmen
- ❏ Angebot(e) zuletzt eingeholt am …
- ❏ Versicherungssumme
- ❏ Zahlungsweise
- ❏ Höhe der jeweiligen Zahlung
- ❏ Abschlussdatum der Versicherung
- ❏ Laufzeit
- ❏ Frühester Kündigungstermin
- ❏ Verlängerungsfristen nach Grundlaufzeit

18. Planung Versicherungen

Versicherung	Vorjahr	1. Quartal Ist/Plan/ Differenz	2. Quartal Ist/Plan/ Differenz	3. Quartal Ist/Plan/ Differenz	4. Quartal Ist/Plan/ Differenz	Summe Ist/Plan/ Differenz
Gebäude						
Brand						
Wasser-schaden						
Betriebs-ausfall						
Haftpflicht						
Rechtsschutz						
Kredit						
Ausfuhr						
Kfz						
Glas						
...						

Eigene Anmerkungen:

19. Überprüfung der individuell-betrieblichen Notwendigkeit von Versicherungen

Versicherung	absolut notwendig	sinnvoll	wünschenswert	wahrscheinlich unnötig	sicher unnötig
Feuer- und Feuer-Betriebsunterbrechung (FBU)					
Berufshaftpflicht					
Betriebshaftpflicht					
Kfz (u.a. Kfz-Haftpflicht)					
Maschinenbetrieb					
Maschinenbetriebsunterbrechung (MBU)					
Montage					
Bauwesen					
Schwachstrom					
Computer					
Transport (u.a. Gütertransport)					
Kredit					
Ausfuhrkredit					
Vertrauensschaden (u.a. Personen-Garantie)					

19. Überprüfung der individuell-betrieblichen Notwendigkeit von Versicherungen *(Forts.)*

Versicherung	absolut notwendig	sinnvoll	wünschens-wert	wahrschein-lich unnötig	sicher unnötig
Einbruch/Diebstahl					
Beraubung					
Sturm					
Rechtsschutz					

Eigene Anmerkungen:

------

20. Überprüfung der Notwendigkeit von Unternehmer- und Unternehmensversicherungen

Versicherung	muss	kann	soll	Kosten/Ist	Kosten/ max.	Kosten/ min.
Berufshaftpflicht						
Strafrechtsschutz						
Vertragsrechtsschutz						
Arbeitsrechtsschutz						
Schadensersatzrechtsschutz / Vermögensschadenhaftpflichtversicherung (D&O – Director's and Officer's insurance)						
Sozialgerichtsrechtsschutz						
Kfz-Rechtsschutz						
Gebäudehaftpflicht						
Gewässerschadenhaftpflicht						
Bürobetriebshaftpflicht						
Büroinhalt						

20. Überprüfung der Notwendigkeit von Unternehmer- und Unternehmensversicherungen *(Forts.)*

Versicherung	muss	kann	soll	Kosten/Ist	Kosten/ max.	Kosten/ min.
Betriebsunterbrechung						
Elektronik						
Vertrauensschaden						
Krankheit						
Krankentagegeld						
Krankenhaustagegeld						
Rentenversicherung						
Risiko-Lebensversicherung						
Kapital-Lebensversicherung						
Berufsunfähigkeit						
Unfall						

Eigene Anmerkungen:

- -

- -

- -

- -

Fuhrpark-Controlling

Das Kostensparpotenzial:

Für viele Unternehmen ist der Fuhrpark ein ganz erheblicher „Kosten-Brocken". Vor allem Reparaturen, Investitionen und Desinvestitionen stellen die Verantwortlichen vor Probleme.

Viele Unternehmen sind – nicht zuletzt wegen der verbesserten Planbarkeit der Kosten – in den letzten Jahren dazu übergegangen, ihren Fuhrpark nicht zu kaufen, sondern zu leasen. (Vgl. Checklisten 75/76/77 zu den Besonderheiten des Leasing.)

21. Planung Fuhrpark

Titel	Vorjahr	1. Quartal Ist/Plan/Differenz	2. Quartal Ist/Plan/Differenz	3. Quartal Ist/Plan/Differenz	4. Quartal Ist/Plan/Differenz	Summe Ist/Plan/Differenz
Kfz-Kauf						
Kfz-Leasing						
Kfz-Steuern						
Kfz-Versicherungen						
Betriebskosten						
Sonstiges						

Eigene Anmerkungen:

Reisekosten-Controlling

Das Kostensparpotenzial:

Nur wenige Kostenblöcke – Dienstwagen ausgenommen – können zu so viel Frust und Ärger innerhalb der Belegschaft führen wie gerade die Reisekosten.

Natürlich bergen Reisekosten fast immer ein ganz erhebliches Kostensparpotenzial. Dennoch sollten Sie sich hüten, hier alle Reisetätigkeiten über einen Kamm zu scheren. Gerade wegen des emotionalen Sprengsatzes, der sich hinter Reisekosten-Kürzungen verbirgt, sollten Sie verstärktes Augenmerk auf das wirklich sinnvolle und nicht nur das „äußere" Kostensparen richten.

Wichtig in diesem Zusammenhang dürfte vor allem sein, dass auch das mittlere und obere Management bei dem Kostenbewusstsein auf Reisen mit gutem Beispiel vorangeht.

Ansätze zum Kostensparen:

- Alternativen zu Reisen schaffen, z.B. Chat (auch im Intranet), Video-Konferenzen, Telefonkonferenzen, Hausmessen, ...
- Zentrale Reisebuchungsstelle (innerhalb oder außerhalb des Unternehmens) einrichten
- Mitfahrgemeinschaften fördern und belohnen
- Bestimmte Verkehrsmittel (Bahn statt Flugzeug/IC statt ICE) für bestimmte Strecken empfehlen. Ausnahmen sollten möglich sein, aber begründet werden müssen.
- Firmen-Sondertarife mit Hotels in Bahnhof- oder Autobahnnähe aushandeln oder Buchungssysteme nutzen (externe Dienstleister)
- U- oder S-Bahnkarten (inklusive Fahrpläne) zu den angegebenen Zielen innerhalb einer Stadt mit Reiseunterlagen aushändigen
- Gepäckbeförderungsmöglichkeiten anbieten
- Reisekosten pro Person – in Abhängigkeit der bisher erbrachten Leistungen oder vereinbarten zukünftigen Leistungen – budgetieren
- Bestimmte Bewirtungslokale aus der Spesenabrechnung ausklammern
- Sondervereinbarungen (z.B. Rechnungsstellung) mit bestimmten Bewirtungslokalen treffen
- Unbedingtes Einhalten der steuerlichen Belegvorschriften (z.B. bei Bewirtungen) oder Fahrtenbüchern. 80% aller Beanstandungen (und Streichungen) derartiger Kosten (Betriebsausgaben) bei Betriebsprüfungen gehen auf das Konto fehlerhafter Belege!

22. Planung Reisekosten

Titel	Vorjahr	1. Quartal Ist/Plan/ Differenz	2. Quartal Ist/Plan/ Differenz	3. Quartal Ist/Plan/ Differenz	4. Quartal Ist/Plan/ Differenz	Summe Ist/Plan/ Differenz
Bahn-Reisekosten je Mitarbeiter						
Flugzeug-Reisekosten je Mitarbeiter						
Taxi-Reisekosten je Mitarbeiter						
Auto-Reisekosten je Mitarbeiter						
Bahn-Reisekosten Unternehmer/ Vorstand						
Flugzeug-Reisekosten Unternehmer/ Vorstand						
Taxi-Reisekosten Unternehmer/ Vorstand						
Auto-Reisekosten Unternehmer/ Vorstand						
Verpflegung je Mitarbeiter						

22. Planung Reisekosten *(Forts.)*

Titel	Vorjahr	1. Quartal Ist/Plan/ Differenz	2. Quartal Ist/Plan/ Differenz	3. Quartal Ist/Plan/ Differenz	4. Quartal Ist/Plan/ Differenz	Summe Ist/Plan/ Differenz
Verpflegung Unternehmer/ Vorstand						
Bewirtung je Mitarbeiter						
Bewirtung Unternehmer/ Vorstand						
Aufmerksamkeiten (unter 40,– €) je Mitarbeiter*						
Kundengeschenke* (unter 35,– €)						

* Steuerliche Werte: Stand 2004

Eigene Anmerkungen:

- -

Controlling Reparaturen

Das Kostensparpotenzial:

Reparaturen bei Gebäuden, Maschinen, technischen und sonstigen Anlagen sind nur schwer planbar, aber im „Fall des Falles" oft kostenintensiv. Deshalb sollten Sie Ihr Augenmerk hier auf die weitaus besser planbaren und Reparaturen vermeidenden Instandhaltungsmaßnahmen richten.

Ansätze zum Kostensparen:

❏ Leasing prüfen
❏ Wartungen regelmäßig durchführen
❏ Instandhaltungsmaßnahmen planen
❏ Bei „kritischen" Gütern rechtzeitige Ersatzinvestition, auch wenn Alt-Gut noch funktionsfähig

23. Planung Instandhaltung

Titel	Vorjahr	1. Quartal Ist/Plan/ Differenz	2. Quartal Ist/Plan/ Differenz	3. Quartal Ist/Plan/ Differenz	4. Quartal Ist/Plan/ Differenz	Summe Ist/Plan/ Differenz
Leasing Gebäude						
Leasing EDV						
Leasing Sonstige Betriebs- und Geschäftsausstattung						
Instandhaltung Gebäude						
Instandhaltung Produktionsanlage						
Instandhaltung EDV						
Instandhaltung Sonstige Betriebs- und Geschäftsausstattung						

23. Planung Instandhaltung *(Forts.)*

Titel	Vorjahr	1. Quartal Ist/Plan/ Differenz	2. Quartal Ist/Plan/ Differenz	3. Quartal Ist/Plan/ Differenz	4. Quartal Ist/Plan/ Differenz	Summe Ist/Plan/ Differenz
Reparaturen						
Sonstiges						

Eigene Anmerkungen:

Controlling Sonstige Kosten

Das Kostensparpotenzial:

„Kleinvieh macht auch Mist!" Dieses Sprichwort hat gerade bei den Kosten eine große Bedeutung. Vor allem in mittleren und kleineren Unternehmen ist der diffuse Kostenblock „Sonstige Kosten" einer der größten Brocken.

Das Problem: Sonstige Kosten setzen sich aus einer Vielzahl von kleinen und kleinsten Posten zusammen, die – einzeln betrachtet – recht unwichtig erscheinen.

Sinnvoll sparen Sie Kosten hier am einfachsten, wenn Sie wie folgt vorgehen:

1. Ist die Kostenentwicklung konstant und die Bedeutung der Kosten gering oder höchstens mittel, können Sie die Kosten zu Blöcken zusammenfassen und diese Blöcke anhand der Vorjahreswerte planen.

2. Ist die Kostenentwicklung zwar konstant, die Bedeutung der Kosten aber hoch, sollten Sie diese Kosten einzeln anhand der Vorjahreswerte planen.

3. Ist die Kostenentwicklung variabel und die Bedeutung der Kosten gering oder höchstens mittel, können Sie die Kosten einzeln anhand der Vorjahreswerte planen.

4. Ist die Kostenentwicklung variabel und die Bedeutung der Kosten hoch, sollten Sie die Kosten einzeln nach Wirkungszusammenhängen planen.

24. Planung Sonstige Kosten

Titel	Vorjahr	1. Quartal Ist/Plan/Differenz	2. Quartal Ist/Plan/Differenz	3. Quartal Ist/Plan/Differenz	4. Quartal Ist/Plan/Differenz	Summe Ist/Plan/Differenz
Porto						
Telefon						
Telefax						
Internet / E-Mail						
Boten						
Literatur						

24. Planung Sonstige Kosten *(Forts.)*

Titel	Vorjahr	1. Quartal Ist/Plan/ Differenz	2. Quartal Ist/Plan/ Differenz	3. Quartal Ist/Plan/ Differenz	4. Quartal Ist/Plan/ Differenz	Summe Ist/Plan/ Differenz
Rechts-beratung						
Steuer-beratung / Wirtschafts-prüfung						
Buchführung						
Geldverkehr						
Betriebsdarf						
Bürobedarf						
Sonstiges						

Eigene Anmerkungen:

Controlling Außendienst

Das Kostensparpotenzial:

Durch PC-Einsatz kann die Planung der Tätigkeit des Reisenden optimiert werden. Das beginnt bei der Planung der Reiseroute, die durch Standardprogramme kostengünstig und erheblich einfacher ist.

Das PC-System (z.B. Grafikprogramme) erlaubt auch, statistische Daten besser zu nutzen: Saisonverläufe werden erkannt, Abweichungen der Verkäufe zu vergleichbaren Geschäften können analysiert werden.

Mit PCs kann die Auftragserfassung beim Kunden vor Ort durchgeführt werden. Damit entfallen die Kosten hierfür im Innendienst. Dort müssen die Sachbearbeiter lediglich noch die übergebenen Aufträge prüfen.

Der Ausdruck aus dem EDV-System kann auch als Auftragsbestätigung dienen. Eine weitere Bestätigung durch den Versand ist dann unnötig.

Die Statistikdaten können per Datenfernübertragung (DFÜ) an den Außendienstmitarbeiter übermittelt werden. Listen entfallen. Dadurch werden Papier und Druckkosten eingespart. In manchen Fällen wird ein Drucker im Zentralsystem überflüssig.

25. PC-Ausstattung im Außendienst

Je mehr Fragen Sie mit „Ja" beantworten, desto sinnvoller ist ein PC-unterstütztes Außendienst-Controlling.

	ja	nein
Ist die Anzahl der Reisenden mindestens vier?		
Sind Statistiken aus der Zentral-EDV notwendig?		
Sind Artikelinfos aus der Zentral-EDV notwendig?		
Sind Kundeninfos aus der Zentral-EDV notwendig?		
Sind Auftragsinfos aus der Zentral-EDV notwendig?		
Sind Zahlungsinfos aus der Zentral-EDV notwendig?		
Sind allgemeine Infos aus der Zentral-EDV notwendig?		
Sind Aufträge aus der Zentral-EDV notwendig?		
Ist die ausgewählte Hardware zuverlässig?		

25. PC-Ausstattung im Außendienst *(Forts.)*

	ja	nein
Hat der Hersteller im Einsatzgebiet des Außendienstmitarbeiters Service-Stationen?		
Ist der PC einfach zu bedienen?		
Ist der PC (Kapazität) ausreichend schnell?		
Ist auf dem Bildschirm des PCs eine farbige Darstellung ohne Spiegelung möglich?		
Ist der PC nicht zu schwer?		
Arbeitet der PC lange genug auf Akku?		
Sind Ersatzgeräte vorhanden?		
Hat die Software eine einheitliche Bedienungsoberfläche?		
Ist die Software einfach zu handhaben?		
Erfolgen zur Sicherheit Zwangsabläufe und Plausibilitätsprüfungen?		
Werden Daten automatisch übertragen?		
Sind die Daten geschützt?		
Sind die Schnittstellen zum Zentralsystem sicher?		
Werden die Außendienstmitarbeiter regelmäßig geschult?		
Wird der Innendienst in der Nutzung der Systeme unterwiesen?		

Eigene Anmerkungen:

26. Kostenplanung Außendienst-Controlling

Hardware (ADM)						
Notebook / Laptop / Palm / …	………	€				
Drucker	………	€				
Modem	………	€				
Summe (Hardware ADM)	………	€	x Anzahl (ADM)	………	=	………€
Hardware (Zentrale)						
DFÜ-PC	………	€				
Modem	………	€				
Summe (Zentrale)	………	€			=	………€
Software (ADM)						
System	………	€				
DFÜ	………	€				
Textverarbeitung	………	€				
Datenbank	………	€				
Tabellenkalkulation	………	€				

26. Kostenplanung Außendienst-Controlling *(Forts.)*

Sonstiger Standard	....	€				
Summe (Softwarestandard)	....	€	x Anzahl (ADM)		=	........€
Individuelle Software (ADM)	....	€			=	........€
Software (Zentrale)						
DFÜ	....	€				
Schnittstellen Informationen aus dem Unternehmen	....	€				
Schnittstellen Auftragsbestätigung	....	€				
Summe (Software Zentrale)	....	€			=	........€
Ausbildung						
Kosten Dozent	....	€				
Reisekosten	....	€				

26. Kostenplanung Außendienst-Controlling *(Forts.)*

Über-nachtung	....	€			
Arbeitszeit-ausfall	....	€			
Summe (Ausbildung)	....	€		=	.........€
Summe Kosten		€			.........€

Eigene Anmerkungen:

Sensitivitätsanalyse zur Prüfung von Investitionsvorhaben

Das Kostensparpotenzial:

Um die Unsicherheitsfaktoren, die bei wichtigen langfristigen Investitionsentscheidungen existenzgefährdend sein können, auszuscheiden und um Fehlentscheidungen so weit als möglich vorzubeugen, können mit Hilfe von Sensitivitätsanalysen die Auswirkungen von Datenänderungen auf das Rechenergebnis von Planungsmodellen untersucht werden.

In welchen Bereichen von Investitionsvorhaben können sich bekannte Inputdaten ändern, ohne dass sich das Gesamtergebnis einer Investitionsentscheidung für das Unternehmen als negativ erweist?

Inwieweit kann eine geplante Rendite erreicht werden, wenn sich z.B. der Kosteneinsatz ändert?

Wie lange muss die Anlage tatsächlich genutzt werden, damit die geforderte Verzinsung für das eingesetzte Kapital erreicht wird?

27. Sensitivitätsanalyse

Um die geplante Investition für die Erweiterung einer Produktionsanlage mit Hilfe der Sensitivitätsanalyse zu überprüfen, sind drei Daten bedeutsam:

1. Höhe des kritischen Verkaufspreises
2. Höhe der kritischen Verkaufsmenge
3. Dauer der kritischen Nutzung

Ausgehend von

- ❏ Kapitaleinsatz
- ❏ jährlicher Verzinsung des eingesetzten Kapitals in Prozent
- ❏ geplanter Nutzungsdauer der Anlage
- ❏ Fixkosten (ohne Abschreibung und Verzinsung)
- ❏ geplantem Verkaufspreis der produzierten Erzeugnisse auf der Anlage
- ❏ geplanten variablen Kosten pro Erzeugniseinheit
- ❏ geplantem Absatz
- ❏ kalkulatorischem Zinssatz

ermittelt sich der kritische Verkaufspreis:

  geplante „direkte" Fixkosten
+ Abschreibung
+ durchschnittliche Kapitalverzinsung

= Summe Fixkosten

27. Sensitivitätsanalyse *(Forts.)*

Ermittlung des notwendigen Deckungsbeitrags

   Summe Fixkosten : geplanter Absatz
+ geplante variable Kosten pro Einheit

= Mindestverkaufspreis pro Einheit

Entscheidungshilfe: Liegt der errechnete Mindestverkaufspreis unter dem geplanten Verkaufspreis, ist die Investitionsentscheidung akzeptabel.

Ermittlung der kritischen Verkaufsmenge

Fixkosten : Deckungsbeitrag pro Einheit

Entscheidungshilfe: Liegt die kritische Verkaufsmenge unter der geplanten Verkaufsmenge, ist auch unter diesem Kriterium die Investitionsentscheidung empfehlenswert.

Ermittlung der kritischen Nutzungsdauer

   geplante Verkaufserlöse
./. betriebliche Fixkosten
./. variable Kosten

= Cash-flow

Kapitaleinsatz : Cash-flow

Entscheidungshilfe: Ist die kritische Nutzungsdauer niedriger als die effektive Nutzungsdauer, ist die Investition auch unter diesem Aspekt empfehlenswert.

Ermittlung der Rendite des eingesetzten Kapitals

   geplanter Deckungsbeitrag
./. fixe Kosten
./. Abschreibung

= geplantes Ergebnis vor Steuern

geplantes Ergebnis vor Steuern : durchschnittlicher Kapitaleinsatz

Entscheidungshilfe: Liegt die Rendite über dem kalkulatorischen Zinssatz, ist die Investition auch unter diesem Aspekt empfehlenswert.

28. Kostensenkungsprogramm

- Ein systematisches Kostensenkungsprogramm setzt folgende Einrichtungen voraus:
  - Controlling-Organisation
  - Jahresbudget
  - Zielsetzung, insgesamt und nach Sparobjekten gegliedert
  - Bereichsinterne und zentrale Kostenbesprechungen
  - Fortschrittsbericht „Kostensenkung"

- Das zu erreichende Gesamtziel muss festgelegt werden:
  - Zweck
  - Organisation
  - Kontrolle

- Zu überlegen ist die Bildung von Arbeitsgruppen für Kostensparprojekte, bestehend aus:
  - Ressort-Fachleuten
  - Ressort-Controller

- Zur Motivation (und zur Kontrolle) sollten monatliche Fortschrittsberichte verfasst werden. Mögliche Gliederung:
  - Fertigung
  - Technische Zentrale
  - Entwicklung und Konstruktion
  - Qualitätssicherung
  - Einkauf und Materialwirtschaft
  - Vertrieb
  - Personal- und Sozialwesen
  - Finanzen
  - Sonstige

- Bei den Möglichkeiten, Kosten zu sparen, ist Kreativität angesagt.

- Wer vorbeugt, braucht in der Krise keine Radikalmaßnahmen zu treffen wie:
  - Einstellungsstopp von Angestellten und Gemeinkostenlöhnern
  - Stilllegung unrentabler Werke oder von Überkapazitäten, Schließung von umsatzschwachen Verkaufsstützpunkten
  - Kurzarbeit
  - Produktionseinstellung unrentabler Erzeugnisse
  - Investitionsstopp
  - Bestandsabbau durch Sonderverkaufsmaßnahmen
  - Senkung der Fixkosten durch Abbau und Zusammenlegung nicht existenznotwendiger Funktionen
  - Vorruhestandsregelungen

- Nachteil von Radikalmaßnahmen: Sie helfen nur über eine vorübergehende Durststrecke.

Der Bestell- bzw. Kreditorenzyklus
(in Anlehnung an S.O. Carlsen)

Das Kostensparpotenzial:

Nur allzuoft weiß in einem Betrieb „die eine Hand nicht, was die andere tut". Je größer der Betrieb ist, desto leichter geht dieser Überblick verloren, desto mehr Arbeiten werden „doppelt" erledigt.

Um die Kosten in den Griff zu bekommen, ist es unbedingt notwendig, die Prozesse in Ihrem Unternehmen zu kennen, nach Schwachstellen und Kostentreibern zu durchforsten und diese auszumerzen.

29. Bestandsaufnahme Unternehmensprozesse

Je öfter Sie mit „Nein" antworten, desto größer ist Ihr Handlungsbedarf.

	ja	nein
Erfolgen alle Geschäftsvorfälle in Ihrem Betrieb nur aufgrund angemessener Genehmigungen?		
Werden alle Geschäftsvorfälle vollständig erfasst?		
Werden alle Geschäftsvorfälle richtig erfasst?		
Führen die Geschäftsvorfälle zu einer korrekten Fortschreibung der Bücher bzw. Konten oder Dateien?		
Sind die Funktionen in Ihrem Betrieb ausreichend voneinander getrennt, um Missbrauch soweit wie möglich zu vermeiden?		

Eigene Anmerkungen:

30. Ablauf und Kontrolle der Bestellungen

	muss	soll	kann	nein
Schriftliche Bestellanforderung				
Formular				
Art				
Menge				
Ungefährer Wert				
Kostenstelle				
Dringlichkeit				
Benötigter Liefertermin				
Budget				
Unterschrift des Kostenstellenverantwortlichen				
Prüfung der Einkaufsabteilung				
Vollständigkeit der Angaben				
Ordnungsmäßigkeit der Genehmigung				
Prüfung der im Budget noch freien Mittel				
Zusammenfassung gleichartiger Bestellungen				
Dokumentierung der gefällten Einkaufsentscheidung				
Bestellung durch Einkaufsabteilung				
Routinebestellung bei Lieferant				
Angebotseinholung				
Betriebsinterne Weiterleitung der Bestellkopien an				
Kreditorenbuchhaltung				
Fachabteilung				

30. Ablauf und Kontrolle der Bestellungen *(Forts.)*

	muss	soll	kann	nein
Lager				
Eigene Ablage Bestellkopie (nach Lieferanten sortiert)				
Versendung Bestellkopie an Lieferanten				
Offene-Posten-Datei				
Erfassung der Bestellung unter fortlaufenden Nummern				
Erfassung der Bestellung nach Lieferanten				
Erfassung der Bestellung nach Datum				
Wareneingang				
Wareneingangskontrolle				
Eingang der Lieferscheine				
Fortlaufende Nummerierung der Lieferscheine				
Qualitätskontrolle				
Entscheidung über Vollständigkeit der Lieferung				
Entscheidung über Richtigkeit der Lieferung				
Entscheidung über Qualität der Lieferung				
Unverzügliche Erstellung der Fehlermeldung				
Unverzügliche Weiterleitung der Fehlermeldung an die Einkaufsabteilung				
Meldung an Fachabteilung				
Kopie des Lieferscheins an Kreditorenbuchhaltung				
Lager				
Erfassung der Ware im Lagerbestandssystem				

30. Ablauf und Kontrolle der Bestellungen *(Forts.)*

	muss	soll	kann	nein
Meldung an Fachabteilung				
Fortschreibung des Lagerbestands				
Weitergabe des Lieferscheins an die Kreditorenbuchhaltung				
Lieferschein zu den Bestellakten				
Kreditorenbuchhaltung				
Erfassung der Lieferung				
Fortschreibung der Offene-Posten-Datei (Ausbuchung)				
Ablage des Vorgangs				
Eingang Lieferantenrechnung				
Weiterleitung an Kreditorenbuchhaltung				
Eintragung unter fortlaufender Nummerierung im Rechnungseingangsbuch				
Formelle Rechnungsprüfung				
Materielle Rechnungsprüfung durch Einkaufsabteilung				
Freigabe der Rechnung				
Kontierungsanweisung (Angabe der zu bebuchenden Sachkonten) durch Einkaufsabteilung oder Sachabteilung				
Erfassung der Rechnung				
Buchung auf Kreditorenkonto als offener Posten				
Wiedervorlage bei Fälligkeit der Verbindlichkeit				
Ausstellung von Schecks oder Überweisungsträgern				
Bezahlen der Rechnung				
Zahlungsfreigabe durch ein Mitglied der Geschäftsleitung, Controller, kaufmännischen Leiter etc.				

30. Ablauf und Kontrolle der Bestellungen *(Forts.)*				
	muss	soll	kann	nein
Erfassung der Zahlung				
Aktualisierung des Offene-Posten-Bestands in der Kreditorenbuchführung				
Kopie des Zahlungsbelegs an die Finanzbuchhaltung				
Fortschreibung der Hauptbuchkonten				

Eigene Anmerkungen:

Einkaufskontrolle
(in Anlehnung an S.O. Carlsen)

Das Kostensparpotenzial:

In vielen Unternehmen haben Einkäufer einen „traditionell schlechten" Ruf. Man unterstellt ihnen oft, dass sie nicht nach Kosten- oder Qualitätskriterien einkauften, sondern danach, wie großzügig sich der tatsächliche oder potenzielle Lieferant zeigt.

In der Tat stecken im Einkauf sehr viele Möglichkeiten, Kosten zu sparen. Natürlich darf aber gerade hier das Kostensparen weder zu Lasten der gelieferten Qualität noch zu Lasten der Termintreue der Lieferanten erfolgen. Augenmaß und ein „Händchen" für sinnvolles Kostensparen sind gerade hier sehr wichtig.

31. Bestandsaufnahme Einkaufsprozess

Je öfter Sie mit „Nein" antworten, desto größer ist Ihr Handlungsbedarf.

	ja	nein
Werden sämtliche wesentlichen Einkaufsverpflichtungen und deren Änderungen nur auf der Grundlage einer ordnungsgemäßen Genehmigung der Bestellanforderung vorgenommen?		
Werden alle Bestellungen, die aufgrund der ordnungsgemäßen Bestellanforderung in der Einkaufsabteilung erstellt wurden, ordnungsgemäß unterschrieben?		
Bestehen ausreichende Kontrollen, um sicherzustellen, dass für jeden Einkaufsauftrag ein Beleg erstellt wird?		
Gibt es unternehmensinterne Richtlinien, wonach alle Bestellungen, die einen Höchstbetrag überschreiten, schriftlich zu erfolgen haben, und werden diese Richtlinien befolgt?		
Dokumentieren die schriftlichen Aufzeichnungen (z.B. Bestellformulare) ausreichend die Details der Bestellungen wie Mengen, Preise, Rabatte, Frachtkosten, Kostenstelle und andere wichtige Informationen?		
Werden Budgets, sofern sie den Gesamtrahmen für bestimmte Bestellungen vorgeben, eingehalten, und wird diese Einhaltung überwacht?		
Werden Angebote ordnungsgemäß eingeholt und wird schriftlich dokumentiert, was den Ausschlag für die endgültige Entscheidung gegeben hat?		

32. Bestandsaufnahme Bestellungserfassung

Je öfter Sie mit „Nein" antworten, desto größer ist Ihr Handlungsbedarf.

	ja	nein
Werden alle Bestellungen (auch die mündlichen) auf fortlaufend nummerierten Dokumenten erfasst?		
Bestehen ausreichende Kontrollen, um nachträglich sicherzustellen, dass die Summe der Datensätze (z.B. ordnungsgemäße Bestellformulare) eines Tages auch zur Weiterverarbeitung für die Offene-Posten-Bestellliste angenommen wird?		
Wenn die OP-Liste (Offene-Posten-Liste) EDV-gestützt geführt wird, lässt dieses Programm zu, dass einzelne Nummern bei der Eingabe übersprungen werden, oder meldet es den Fehler?		
Wird in regelmäßigen Abständen (z.B. wöchentlich) eine Liste ausgedruckt, die fehlende Eingaben von Bestelldokumenten meldet?		
Gibt es geeignete Verfahren zum Aufspüren fehlender Dokumente?		
Gibt es ausreichende Kontrollen, die die zweimalige Verarbeitung derselben Bestellung verhindern?		
Werden die angesprochenen Kontrollverfahren überwacht, z.B. durch Vorgesetzte?		

Eigene Anmerkungen:

33. Bestandsaufnahme Fortschreibung der Bestellungen

Je öfter Sie mit „Nein" antworten, desto größer ist Ihr Handlungsbedarf.

	ja	nein
Gibt es ausreichende Kontrollen, um sicherzustellen, dass die Menge der erfassten Aufträge mit den Originalbelegen übereinstimmt?		
Gibt es ausreichende Kontrollen, um sicherzustellen, dass der Wert der erfassten Aufträge mit den Originalbelegen übereinstimmt?		
Gibt es ausreichende Kontrollen, um sicherzustellen, dass die Lieferantennummer der erfassten Aufträge mit den Originalbelegen übereinstimmt?		
Gibt es ausreichende Kontrollen, um sicherzustellen, dass der Preis der erfassten Aufträge mit den Originalbelegen übereinstimmt?		
Wurden die Daten richtig in die OP-Liste übernommen?		
Wird in der OP-Liste der Wert jeder einzelnen Bestellung erfasst?		
Ist die Errechnung des Gesamtbestellvolumens aller Aufträge korrekt?		
Ist sichergestellt, dass jede Neueingabe bzw. Löschung oder Änderung eines offenen Postens zu einer korrekten Fortschreibung des Gesamtbestellvolumens führt?		
Wird die OP-Liste, manuell oder EDV-gestützt, bei Erhalt der Ware korrekt aktualisiert?		
Ist die angewandte Methode zum Abgleich der gelieferten Waren oder Dienstleistungen mit den in der OP-Liste geführten Datensätzen zweckmäßig?		
Werden die Datensätze paarweise gelöscht oder gekennzeichnet?		
Wird in regelmäßigen Abständen ein Ausdruck von Datensätzen erstellt, die über eine ungewöhnlich lange Zeitspanne hinweg nicht ausgeglichen werden?		
Werden nicht erfüllte Aufträge regelmäßig überprüft, um den Grund festzustellen, warum sie noch nicht erfüllt wurden?		
Eigene Anmerkungen:		

34. Bestandsaufnahme Funktionstrennung

Je öfter Sie mit „Nein" antworten, desto größer ist Ihr Handlungsbedarf.

	ja	nein
Werden die Erfassung der Daten und die Kontrolle der Vollständigkeit und Richtigkeit der Erfassung von verschiedenen Mitarbeitern vorgenommen?		
Werden nachträgliche Änderungen der OP-Liste dokumentiert?		
Werden nachträgliche Änderungen der OP-Liste von einem nicht mit der Erfassung betrauten Mitarbeiter überprüft?		
Werden Änderungen der Artikelnummern von einem verantwortlichen Vorgesetzten genehmigt?		
Werden Änderungen der Lieferantenadresse von einem verantwortlichen Vorgesetzten genehmigt?		
Werden Änderungen der Lieferanten-Bankverbindung von einem verantwortlichen Vorgesetzten genehmigt?		
Werden nachträglich Änderungsprotokolle ausgedruckt?		
Werden diese Änderungsprotokolle nochmals von einem Vorgesetzten durchgesehen?		

Eigene Anmerkungen:

Wareneingangskontrolle
(in Anlehnung an S.O. Carlsen)

Das Kostensparpotenzial:

Wareneingänge wie auch empfangene Dienstleistungen müssen einmal mengen- und auch qualitätsmäßig überprüft werden. Unnötige Kosten entstehen durch zu spätes Reklamieren, durch Nichterkennung von Falschlieferungen, durch Nichterkennung von Qualitätsmängeln und nicht zuletzt durch Schwund und Diebstahl.

Ein sinnvolles System zur Kontrolle der Warenannahme liegt also ganz klar im Interesse jedes kostenbewussten Unternehmers.

35. Bestandsaufnahme Wareneingangskontrolle

Je öfter Sie mit „Nein" antworten, desto größer ist Ihr Handlungsbedarf.

	ja	nein
Werden sämtliche Anlieferungen auf der Basis vorliegender Bestellungen hinreichend geprüft (z.B. durch Zählen oder Wiegen und Inaugenscheinnahme der eingegangenen Waren)?		
Werden die Ergebnisse zum Zeitpunkt des Eingangs festgehalten, sodass eine spätere Prüfung der Rechnungen möglich ist?		
Werden alle Warenannahmen, die aufgrund ordnungsgemäßer Bestellungen erfolgen, unterschrieben?		
Bestehen ausreichende Kontrollen, um sicherzustellen, dass für jede Bestellung eine Kopie des Bestellbelegs in der Warenannahme bereitgehalten wird?		
Bestehen ausreichende Kontrollen, um sicherzustellen, dass die Summe der z.B. täglich erfassten Datensätze für Wareneingänge mit der Anzahl der Originalbelege (Lieferscheine) übereinstimmt?		
Gibt es ausreichende Verfahren für die Untersuchung und Berichtigung von Differenzen, die bei einem Abgleich ermittelt wurden?		
Stellen Kontrollen sicher, dass die einzelnen Daten zu den gelieferten Waren vollständig erfasst werden?		
Gibt es ausreichende Kontrollen, um sicherzustellen, dass sämtliche Geschäftsvorfälle (Erfassung von Lieferungen im Lagerbestand oder in der Wareneingangsdatei bzw. in der Offene-Bestellposten-Datei) auf fortlaufend nummerierten Dokumenten erfasst werden?		

35. Bestandsaufnahme Wareneingangskontrolle *(Forts.)*

	ja	nein
Ist bei der EDV-gestützten Führung der Daten oder Listen sichergestellt, dass die Programme es nicht zulassen, dass einzelne Nummern bei der Eingabe übersprungen werden?		
Ist sichergestellt, dass die EDV den Fehler nachvollziehbar meldet?		
Wird in regelmäßigen Abständen eine Liste ausgedruckt, die fehlende Eingaben von Lieferdokumenten meldet?		
Gibt es ausreichende Verfahren für die Untersuchung fehlender Dokumente?		
Gibt es ausreichende Kontrollen, die die zweimalige Verarbeitung derselben Lieferung verhindern?		
Werden die angesprochenen Kontrollverfahren überwacht, z.B. durch Vorgesetzte?		
Gibt es ausreichende Kontrollen, um sicherzustellen, dass alle Datenfelder (Menge, Wert, Lieferantennummer, Datum, Preis) der erfassten Lieferungen mit den Originalbelegen übereinstimmen?		
Wurden die Daten richtig in die Bestandslisten übernommen?		
Werden Erfassung und Kontrolle der Vollständigkeit und Richtigkeit der Erfassung von verschiedenen Mitarbeitern vorgenommen?		
Werden nachträgliche Änderungen der Wareneingangsdaten oder der Lagerbestandsdateien dokumentiert und von einem nicht mit der Erfassung betrauten Mitarbeiter überprüft?		
Werden sämtliche manuell vorbereitete Änderungen von Artikelstammnummern von einem verantwortlichen Vorgesetzten genehmigt?		
Werden nachträglich Änderungsprotokolle ausgedruckt, die nochmals einer Durchsicht durch den Vorgesetzten unterliegen?		

Eigene Anmerkungen:

----

36. Aufbau der Einkaufsabteilung

- ❏ Wer entscheidet in Ihrem Unternehmen über den Einkauf (was, wie viel, wann, Konditionen)?

- ❏ Ist dieser Entscheider die Person, die sowohl die finanziellen Mittel und die Autorität besitzt als auch den Nutzen aus dem Kauf zieht?

- ❏ Welche Aufgaben haben Ihre Einkäufer:
  - dispositive Aufgaben?
  - administrative Aufgaben?

- ❏ Welche Arten von Einkäufer/Einkaufsabteilungen gibt es:
  - zentralen/dezentralen Einkauf?
  - Einkaufsleiter/Facheinkauf?

- ❏ Gibt es noch andere Personen im Unternehmen, die mitentscheiden?

- ❏ Wer aus dem Einkaufsgremium ist der Ansprechpartner des Verkäufers?

- ❏ Zu welchen Personen hat er zusätzlich Kontakt?

- ❏ Unter welchen Bedingungen bzw. in welchen Verkaufsphasen sprechen Ihre Verkäufer direkt mit dem Einkäufer?

- ❏ Welche Entscheidungskriterien sind zu berücksichtigen bei
  - Neulieferanten?
  - Stammlieferanten?
  - Mitlieferanten?
  - Neukauf eines Produkts?
  - laufendem Wiederkauf eines Produkts?

- ❏ Variiert die Kaufentscheidung bei den Einkäufern nach
  - Einkaufsvolumen (Menge/Rechnungsbetrag)?
  - Kosten?
  - Häufigkeit?
  - Lieferzeit?
  - anderem?

Eigene Anmerkungen:

37. Einkaufsstrategie

- ❏ Planungskriterien der Einkäufer
    - Umsatzplanung (Basiswert oder Basismenge)
    - Planung des Lagerwesens (Lagerbestand, -dauer, -umschlagshäufigkeit, -zins)
    - Kalkulationsplanung mit/ohne Werbekosten (Waren-Rohertrag, Soll-DB, Soll-Handelsspanne)
    - Sortimentsplanung (abgestimmtes Sortiment pro Betriebstyp)
    - Preisplanung (marktgerechtes Preisniveau unter Berücksichtigung von Preisschwellen und Betriebstypen)
    - Limit-Planung (Geld-Limit, Preis-Limit, Spannen-DB-Limit, Spannen-Waren-Rohertrags-Limit, Soll-DB-Limit)

- ❏ Arbeitet der Einkäufer nach einem Lagervorratsplan zur Festlegung
    - der ABC-Artikel?
    - der Dispositionsgrößen nach Bestellmenge oder Mindestbestand?
    - der Lieferzeiten?

- ❏ Sind im Einkaufsprogramm berücksichtigt:
    - die Erstellung von Absatz-, Produktions-, Lager- und Finanzplan?
    - Kriterien zur Lieferantenauswahl?
    - Zielvorstellungen über Preise und Konditionen?
    - Bestimmung der Artikel?
    - Wertanalyse?
    - Prüfung von Eigenfertigung, Fremdfertigung, Anlieferung oder Abholung?

- ❏ Finden regelmäßige Preisprüfungen statt? Wenn ja, bei welchen Produkten?

- ❏ Wie werden die Bestelltermine festgelegt? Durch
    - den Bedarfstermin aus dem Vorratsplan?
    - die Listen für Lieferzeiten?
    - die Liste für die Reichweitenvorgabe?

- ❏ Berichtswesen über
    - die Preisentwicklung
    - die Kostenentwicklung
    - das Bestellobligo und die Kapitalbindung
    - die Lieferzeiten und die Bestelltermine
    - die Reklamationen

- ❏ Splitting der Einkaufsverantwortung nach
    - Einkaufsvolumen
    - Gesamtwert des Vertrages
    - Häufigkeit der Lieferungen

38. Lieferantenauswahl

Merkmale des Lieferanten	sehr wichtig	wichtig	unwichtig
Technologie			
Image			
Bekanntheitsgrad			
Rabattierung/ Zahlungsziele			
Standort			
Ausstattung und Größe			
Stabilität und Wachstum			
Rohstoffbasis			
Produktqualität und technische Leistung			
Retourenhäufigkeit			
Erfahrungen in diesem Produktsegment			
Liefertermine			
Referenzen			
Kundenservice			
Reklamations- bearbeitung			
Garantiezeit			
Zuverlässigkeit/ Pünktlichkeit			

38. Lieferantenauswahl *(Forts.)*

Merkmale des Lieferanten	sehr wichtig	wichtig	unwichtig
Lagerhaltung			
Mindest-Liefermenge je Auftrag			
Werbeunterstützung			
Netto-Einkaufspreis			
Lieferungsmodalitäten (ab Werk/frei Haus)			

Eigene Anmerkungen:

Die 144 besten Checklisten

Rechnungskontrolle
(in Anlehnung an S.O. Carlsen)

Das Kostensparpotenzial:

Erhaltene Rechnungen müssen einmal auf ihre formelle Richtigkeit überprüft werden. Die formelle Richtigkeit ist vor allem für die steuerlichen Angelegenheiten des Unternehmens wichtig. Verstöße gegen die formelle Richtigkeit einer Rechnung haben zur Folge, dass der entsprechende Betriebsausgabenabzug komplett gestrichen werden kann, z.B. bei Bewirtungsrechnungen oder Scheinrechnungen, oder dass der Vorsteuerabzug aus der Rechnung verweigert wird.

Die materielle Prüfung der Rechnung dahingehend, ob die Rechnungsstellung mit den gelieferten Waren oder Produkten bzw. den geleisteten Diensten und den darüber getroffenen Vereinbarungen übereinstimmt, ist im ureigensten Interesse jedes Unternehmens.

39. Bestandsaufnahme manuelle Rechnungskontrolle

Je öfter Sie mit „Nein" antworten, desto größer ist Ihr Handlungsbedarf.

	ja	nein
Werden Rechnungen für eingegangene Waren hinsichtlich Menge geprüft?		
Werden Rechnungen für eingegangene Waren hinsichtlich Zustand geprüft?		
Werden Rechnungen für geleistete Dienste geprüft?		
Werden Rechnungen vor allem für Dienstleistungen, für die es keine Lieferscheine gibt, mit Arbeitsberichten verglichen?		
Werden Rechnungen vor allem für Dienstleistungen, für die es keine Lieferscheine gibt, mit Schlussprotokollen verglichen?		
Werden Rechnungen vor allem für Dienstleistungen, für die es keine Lieferscheine gibt, mit Leasingverträgen verglichen?		
Werden Rechnungen vor allem für Dienstleistungen, für die es keine Lieferscheine gibt, mit anderen Unterlagen verglichen?		
Falls keine solchen Unterlagen vorliegen, werden Dienstleistungsrechnungen von einem verantwortlichen Vorgesetzten genehmigt?		
Werden Rechnungen für eingegangene Waren nochmals mit den Originalbestellungen hinsichtlich Art und Menge abgeglichen?		
Werden Rechnungen für eingegangene Waren nochmals mit den Lieferantenpreislisten hinsichtlich Preis und anderen Konditionen abgeglichen?		

40. Bestandsaufnahme EDV-gestützte Rechnungskontrolle

Je öfter Sie mit „Nein" antworten, desto größer ist Ihr Handlungsbedarf.

	ja	nein
Haben Sie im Wareneingangsbereich bereits dafür gesorgt, dass die Menge der eingegangenen Waren oder erhaltenen Dienstleistungen richtig erfasst und gespeichert wird?		
Haben Sie im Wareneingangsbereich bereits dafür gesorgt, dass keine ungenehmigten Datensätze hinzugefügt werden können?		
Sichert die EDV-gestützte Methode den zuverlässigen Abgleich der in der Rechnung aufgeführten Mengen mit den tatsächlich eingegangenen Waren und erhaltenen Dienstleistungen?		
Werden Differenzen, die durch das Abgleichverfahren entstehen, ermittelt?		
Werden Differenzen, die durch das Abgleichverfahren entstehen, ausreichend untersucht?		
Werden Differenzen, die durch das Abgleichverfahren entstehen, angemessen bearbeitet?		
Stellt die EDV-gestützte Methode einen zuverlässigen Abgleich der gelieferten mit den bestellten Mengen dar?		
Gibt es ausreichende Kontrollen über die Datenerstellung bei EDV-gestütztem Preisabgleich anhand einer Standardpreisdatei?		
Gibt es ausreichende Kontrollen über die Genehmigung von Änderungen bei EDV-gestütztem Preisabgleich anhand einer Standardpreisdatei?		
Gibt es ausreichende Kontrollen über die korrekte Erfassung und Verarbeitung von genehmigten Änderungen bei EDV-gestütztem Preisabgleich anhand einer Standardpreisdatei?		
Ist die angewandte EDV-gestützte Methode zum Preisabgleich angemessen?		
Werden Abweichungen zweckmäßig bearbeitet?		
Wird das Ergebnis dieser Kontrolle von einem verantwortlichen Vorgesetzten überprüft und genehmigt?		

41. Allgemeine Rechnungskontrolle

Je öfter Sie mit „Nein" antworten, desto größer ist Ihr Handlungsbedarf.

	ja	nein
Werden alle Rechnungen vor weiterer Bearbeitung in ein Rechnungseingangsbuch eingetragen und mit einer fortlaufenden Nummer versehen?		
Bestehen ausreichende Kontrollen, um sicherzustellen, dass die Summe der z.B. täglich erfassten Datensätze für Kreditoren mit der Anzahl der Originalbelege (Rechnungen) übereinstimmt?		
Gibt es ausreichende Verfahren für die Untersuchung und Berichtigung von Differenzen, die bei dem Abgleich ermittelt wurden?		
Stellen Kontrollen sicher, dass die Einzelheiten der Rechnungen (z.B. Kreditorenkonto oder Rechnungsbetrag) vollständig erfasst werden?		
Wird in regelmäßigen Abständen eine Liste erstellt, die die fehlende Eingabe von Rechnungen meldet, die anhand von Lücken in der fortlaufenden Nummerierung festgestellt wird?		
Gibt es ausreichende Verfahren für die Untersuchung fehlender Dokumente?		
Gibt es ausreichende Kontrollen, die die zweimalige Verarbeitung derselben Rechnung verhindern?		
Werden die angesprochenen Kontrollverfahren ausreichend überwacht?		
Gibt es neben der Kreditoren-OP-Liste noch ein z.B. manuell geführtes Kontrollkontor, das sämtliche Bewegungen auf den Kreditorenkonten erfasst und das zu Abstimmungszwecken hinsichtlich des Gesamtbestands der OP-Liste herangezogen werden kann?		
Gibt es bei EDV-gestützt geführten Kontrollkonten ausreichende Vorkehrungen, um einen Zugang durch Unberechtigte zu verhindern?		
Werden Differenzen bei der Abstimmung ausreichend geklärt?		
Wird die Korrektur von einem verantwortlichen Vorgesetzten genehmigt?		
Wird das Lieferantenkontokorrent regelmäßig mit Unterlagen des Lieferanten abgestimmt?		
Werden die Erfassung von Rechnungen und die Kontrolle der Vollständigkeit und Richtigkeit der Erfassung immer von unterschiedlichen Mitarbeitern vorgenommen?		

41. Allgemeine Rechnungskontrolle *(Forts.)*

	ja	nein
Werden nachträgliche Änderungen der erfassten Rechnungsdaten dokumentiert?		
Werden nachträgliche Änderungen der erfassten Rechnungsdaten von einem nicht mit der Erfassung betrauten Mitarbeiter überprüft?		
Werden sämtliche manuell vorbereitete Änderungen von Kreditorenstammnummern von einem verantwortlichen Vorgesetzten genehmigt?		
Werden nachträglich Änderungsprotokolle ausgedruckt, die nochmals einer Durchsicht durch den Vorgesetzten unterliegen?		
Stellen die Kontrollen in den Bereichen Bestellung, Warenannahme und Erfassung der Verbindlichkeit sicher, dass nur genehmigte Vorgänge in der OP-Liste zu Verbindlichkeiten und damit zur Auslösung von Zahlungsvorgängen führen?		

Eigene Anmerkungen:

42. Rechnungsmanagement

- ❏ Bonität des Kunden geprüft
    - Wann zuletzt (Datum)?
    - Wer?
    - Abweichung zum Vormonat/Vorjahr
    - Datum der Wiederholungsprüfung

- ❏ Rechnung schreiben
    - Wer?
    - Plandatum
    - Ist-Datum
    - Grund der Abweichung
    - Rechnung überprüft auf sachliche Richtigkeit, wer?
    - Rechnung überprüft auf rechnerische Richtigkeit, wer?
    - Versand, Datum
    - Zahlungseingang, wer überprüft?
    - Abweichung vom Fälligkeitsdatum
    - Abweichung von der Forderungshöhe
    - Bisheriges Zahlungsverhalten
    - Innerbetriebliche Gründe für Änderung der Zahlung
    - Außerbetriebliche Gründe für Änderung der Zahlung, beim Kunden nachgefragt am (Datum), wer?

- ❏ Ausbuchen der Rechnung
    - Wer?
    - Wann?
    - Verlust gegenüber ursprünglichem Rechnungsbetrag
    - Grund der Wenigerzahlung
    - Übernahme der Daten in Finanzbuchhaltung am (Datum)
    - Wertberichtigung, Höhe

- ❏ Mahnvorschlagsliste
    - Erstellt, wer, wann?
    - Überprüft, wer, wann?
    - Aktualisiert, wer, wann?

- ❏ Überwachung Mahnwesen
    - Wer?
    - Turnus

- ❏ Offene-Posten-Liste
    - Erstellt, wer, wann?
    - Überprüft, wer, wann?
    - Aktualisiert, wer, wann?

42. Rechnungsmanagement *(Forts.)*

❑ Offene-Salden-Liste
  – Erstellt, wer, wann?
  – Überprüft, wer, wann?
  – Aktualisiert, wer, wann?

❑ Erstellen einer Liste der Kunden, die nicht mehr gegen Zahlungsziel zu beliefern sind
  – Erstellt, wer, wann?
  – Überprüft, wer, wann?
  – Weitergeleitet an Verkauf, wer, wann?
  – Weitergeleitet an Außendienst, wer, wann?
  – Aktualisiert, wer, wann?
  – Aktualisierung weitergeleitet an Verkauf, wer, wann?
  – Aktualisierung weitergeleitet an Außendienst, wer, wann?
  – Einzel-Herausnahme, wer, wann, Gründe?
  – Gesamt-Herausnahme, wer, wann, Gründe?

Eigene Anmerkungen:

Zahlungsvorgänge
(in Anlehnung an S.O. Carlsen)

Das Kostensparpotenzial:

Der Zahlungsbereich ist sicherlich einer der sensibelsten im gesamten Unternehmen. Nirgendwo sonst ist das Geld „sicherer" verloren als bei Fehlern, die hier unterlaufen.

Ansätze zum Kostensparen:

- Wertstellung mit Banken individuell aushandeln (Argumentationshilfe: Neue Rechtsprechung zur Wertstellung)
- Kreditrahmen mit Banken aushandeln
- Drei-Konten-Modell fahren (steuerliche Vorteile)
- Zahlungen nur von gedeckten Konten
- Zahlungen zuerst von zinsfreien oder zinsniedrigen Konten
- Skonto ausnützen
- Zahlungsziele ausnützen
- Unterschlagungen verhindern
- Betrug verhindern
- Abzweig-Zahlungen verhindern

43. Bestandsaufnahme Zahlungskontrolle

Je öfter Sie mit „Nein" antworten, desto größer ist Ihr Handlungsbedarf.

	ja	nein
Ist sichergestellt, dass die Rechnungen, die mit Skonto bezahlt werden können, rechtzeitig vorgelegt werden?		
Werden die Bestände an Scheckformularen hinreichend überwacht und vor unberechtigtem Zugriff geschützt?		
Werden Unterschriften auf den Scheckformularen garantiert nicht „auf Vorrat" geleistet?		
Überprüfen der oder die Scheckunterzeichner den gesamten Vorgang anhand der beigefügten Originalbelege auf Ordnungsmäßigkeit, bevor die Unterschriften geleistet werden?		
Erfolgt die Prüfung sämtlicher Vorgänge bei der Scheckunterschrift?		
Werden mehr als nur zufällige Stichproben bei der Scheckunterschrift geprüft?		

43. Bestandsaufnahme Zahlungskontrolle *(Forts.)*

	ja	nein
Ist sichergestellt, dass der Scheckunterzeichner alle zugrunde liegenden Belege entwertet („Bezahlt"-Vermerk), um eine nochmalige Vorlage zu verhindern?		
Werden Schecks oder Banküberweisungen nach der Unterzeichnung direkt an die Zahlungsempfänger oder an die Bank verschickt, ohne dass sie wieder zurück an die Aussteller oder an sonstige Personen laufen?		
Ist sichergestellt, dass nur ordnungsgemäß unterzeichnete Schecks an die Lieferanten verschickt werden?		
Ist sichergestellt, dass nur ordnungsgemäß unterzeichnete Zahlungsbelegkopien zu Buchungsvorgängen auf Haupt- und Nebenbuchkonten führen?		
Werden alle Zahlungsbelege vor weiterer Bearbeitung mit einer fortlaufenden Nummer versehen?		
Bestehen ausreichende Kontrollen, um sicherzustellen, dass die Summe der z.B. täglich verwendeten Schecks mit der Anzahl der Datensätze der zugrunde liegenden Zahlungsvorschlagsliste übereinstimmt?		
Gibt es ausreichende Verfahren für die Untersuchung und Berichtigung von Differenzen, die bei diesem Abgleich ermittelt wurden?		
Wird in regelmäßigen Abständen eine Liste erstellt, die fehlende Eingaben von Zahlungsbelegen meldet, die anhand von Lücken der fortlaufenden Nummer festgestellt wurden?		
Gibt es ausreichende Verfahren für die Untersuchung fehlender Dokumente?		
Gibt es ausreichende Kontrollen, die die zweimalige Verarbeitung derselben Zahlung verhindern?		
Werden die Kontrollverfahren überwacht?		
Gibt es ausreichende Kontrollen, die sicherstellen, dass alle Einzelheiten der Scheck- oder Überweisungsformulare (Wert, Begünstigter, Bankverbindung, Referenznummer) mit den Originalbelegen oder den gespeicherten Informationen in der OP-Liste und den Lieferantenstammdaten übereinstimmen?		
Gibt es – sofern Zahlungsbelege maschinell erstellt werden – Maßnahmen gegen unberechtigten Zugriff auf die Dateien, die die zahlungsrelevanten Informationen enthalten?		

43. Bestandsaufnahme Zahlungskontrolle *(Forts.)*

	ja	nein
Werden Änderungen an diesen Dateien genehmigt und protokolliert?		
Erfolgt die Genehmigung von Personen, die nicht mit der Erstellung der Zahlungsbelege beschäftigt sind?		
Wurden die Daten richtig in die Kreditoren-OP-Listen übernommen?		
Werden Kreditorenkonten regelmäßig auf alte überfällige Posten hin durchgesehen?		
Werden die angezeigten Belastungen auf den Bankkontoauszügen nachträglich von nicht mit den Zahlungsvorgängen beschäftigten Mitarbeitern mit den Stapelsummen der genehmigten Zahlungsbelege abgestimmt?		
Werden Scheckformulare von anderen Personen verwendet als jenen, die mit der Überwachung der Scheckbestände betraut sind?		
Werden Zahlungsvorgänge nur von solchen Mitarbeitern genehmigt, die nicht mit der Erstellung der Zahlungsbelege betraut sind?		
Werden die Erfassung von Zahlungsvorgängen und die Kontrolle der Vollständigkeit und Richtigkeit der Erfassung von verschiedenen Mitarbeitern vorgenommen?		
Werden nachträgliche Änderungen der erfassten Zahlungsvorgänge (z.B. Storno) dokumentiert und von einem nicht mit der Erfassung betrauten Mitarbeiter überprüft?		
Werden Auswahlkriterien für die Zahlungsvorschläge, die Grundlage der Erstellung der Zahlungsvorschlagslisten sind (z.B. grundsätzliche Skontoausnutzung „ja" oder „nein"), genehmigt?		
Werden die Änderungen der Lieferantenstammdaten (z.B. Bankverbindung) von einem verantwortlichen Vorgesetzten, der nicht mit der Erstellung der Zahlungsbelege beschäftigt ist, genehmigt?		
Werden nachträglich Änderungsprotokolle ausgedruckt, die nochmals einer Durchsicht durch den Vorgesetzten unterliegen?		

Eigene Anmerkungen:

Kreditlimitierung
(in Anlehnung an S.O. Carlsen)

Das Kostensparpotenzial:

Kredite sind teuer – aber manchmal nicht zu umgehen. Völlig auszuschließen aber ist im Unternehmen, dass teure Kredite „aus Versehen" genommen werden!

44. Kreditlimit – Kontrolle

Je mehr Fragen Sie mit „Nein" beantworten, desto größer ist Ihr Handlungsbedarf.

	ja	nein
Ist garantiert, dass mündliche Bestellungen jeglicher Art nur bis zu einem bestimmten unternehmensinternen Limit ohne schriftliche Bestätigung angenommen werden?		
Wird das unternehmensinterne Limit regelmäßig an betriebliche Veränderungen oder Marktgegebenheiten angepasst?		
Dokumentieren die schriftlichen Aufzeichnungen (z.B. Erfassungsbelege oder Originalbestellungen) die Details der Bestellungen ausreichend (z.B. Mengen, Preise, vereinbarte Sonderrabatte, Liefertermin, Lieferart und andere wichtige Informationen)?		
Werden alle erfassten Bestellungen EDV-gestützt oder manuell mit der Kunden-Kreditlimitdatei abgestimmt?		
Ist sichergestellt, dass keine Bestellung weiterverarbeitet wird, bevor sie den Abgleich mit der Kreditlimitdatei durchlaufen hat?		
Werden alle Kreditlimitüberschreitungen automatisch und vollständig in einem Prüfprotokoll dokumentiert und zur Genehmigung an die Geschäftsleitung oder andere Entscheidungsträger außerhalb des Vertriebsbereichs weitergeleitet?		
Wird die Aktualisierung der Kunden-Kreditlimitdatei nach ordnungsgemäß genehmigten Änderungen (Hinzufügen, Reduzieren, Erhöhen oder Löschen von Kundenlimits) unverzüglich von einem Mitarbeiter außerhalb des Vertriebsbereichs überprüft?		
Wird für die Kreditlimitdatei nach der Erfassung von Datenänderungen unverzüglich ein Änderungsprotokoll erstellt, das von einem Entscheidungsträger außerhalb des Vertriebsbereichs genehmigt wird?		
Ist die Kreditlimitdatei vor dem Zugriff Unberechtigter geschützt?		

Forderungsverwaltung
(in Anlehnung an S.O. Carlsen)

Das Kostensparpotenzial:

Ihre oberste Maxime muss lauten: Wie kann ich sicherstellen, dass alle Forderungen zur richtigen Fälligkeit ordnungsgemäß gemahnt werden? Gerade in kritischen Situationen kann ein (zusätzlicher) Forderungsausfall für Ihr Unternehmen katastrophale Folgen haben.

45. Forderungsüberwachung

Je mehr Fragen Sie mit „Nein" beantworten, desto größer ist Ihr Handlungsbedarf.

	ja	nein
Sind Regelungen getroffen, die sich auf die grundsätzliche Fälligkeit von Forderungen unterschiedlicher Art, d.h. das jeweils intern zugelassene Zahlungsziel, beziehen?		
Ist bei der Erfassung der Forderungen die Fälligkeitsangabe ein Muss-Feld, ohne das das System die Annahme der Daten verweigert?		
Sind ausreichende Kontrollen vorhanden, die eine regelmäßige Überwachung der Plausibilität der eingegebenen Fälligkeiten überprüfen, z.B. im Rahmen der allgemeinen Kontrollen zur Richtigkeit der Eingaben?		
Ist sichergestellt, dass einmal erfasste Fälligkeiten vor unberechtigtem Zugriff gegen nachträgliche Änderungen geschützt sind?		
Wird regelmäßig eine Mahnvorschlagsliste nach dem Kriterium der vorgegebenen Fälligkeiten erstellt?		
Wird die Vollständigkeit der Mahnvorschlagsliste in regelmäßigen Abständen in Stichproben geprüft?		
Ist sichergestellt, dass die komplette Vorschlagsliste in Zusammenarbeit mit den verantwortlichen Mitarbeitern des Vertriebs und unter Umständen mit der Geschäftsleitung durchgesprochen wird?		
Erhält jede Forderung auf der Vorschlagsliste aufgrund der Besprechungsergebnisse eine Anmerkung, die die jeweilgen Entscheidungen zum weiteren Vorgehen eindeutig erkennen lässt?		
Werden die Sitzungsprotokolle von allen Teilnehmern zum Abschluss der Sitzung gegengelesen und abgezeichnet?		

45. Forderungsüberwachung *(Forts.)*

	ja	nein
Ist sichergestellt, dass die Mahnungen von Mitarbeitern unterschrieben werden, die nicht mit der Erstellung der Mahnvorschlagsliste befasst sind?		
Erhält der verantwortliche Mitarbeiter, der die Mahnungen unterzeichnet, eine Kopie der Mahnvorschlagsliste mit den Anmerkungen und den Unterschriften der Sitzungsteilnehmer, um die Vollständigkeit der erstellten Mahnungen kontrollieren zu können?		
Werden alle Mahnungen direkt vor der Aussendung nochmals mit den zuletzt eingegangenen Zahlungen abgestimmt?		
Ist zum Jahresende sichergestellt, dass zumindest alle fälligen Forderungen laut Mahnvorschlagsliste in die Überlegungen zur Einzelwertberichtigung einbezogen werden?		
Wird die regelmäßige Erstellung der zumeist monatlichen Meldungen an die Warenkreditversicherung von einer Seite mitüberwacht, die nicht mit der Verwaltung der Debitoren betraut ist?		
Werden die gemeldeten Kundensalden mit der OP-Liste auf Richtigkeit abgestimmt?		
Wird die Vollständigkeit der Meldungen über eine Stapelsummenkontrolle überwacht?		
Ist gewährleistet, dass bei Überschreitung der vertraglich vereinbarten Kreditziele eine zumeist geforderte Sondermeldung an die Versicherung erstellt wird?		
Werden alle Meldungen anhand der OP-Liste und des Versicherungsvertrags vor Aussendung nochmals von einem Mitarbeiter außerhalb der Debitorenbuchhaltung abgestimmt und genehmigt?		
Ist sichergestellt, dass sämtliche eingehenden Schecks unverzüglich auf einem Scheckeinreicherbeleg erfasst werden?		
Ist die fortlaufende Nummerierung der Einreicherbelege gewährleistet?		
Bestehen ausreichende Kontrollen, um sicherzustellen, dass die Debitorenbuchhaltung bei Erhalt von Kopien der Einreicherbelege zur Erfassung in der Debitoren-OP-Liste die fortlaufende Nummerierung kontrolliert?		
Wird in regelmäßigen Abständen eine Liste ausgedruckt, die fehlende Eingaben von Einreicherbelegen meldet, die anhand von Lücken in der fortlaufenden Nummerierung aufgedeckt wurden?		
Ist gewährleistet, dass die Debitorenbuchhaltung unverzüglich und vollständig über alle Überweisungseingänge zur Verbuchung auf den Debitorenkonten informiert wird?		

45. Forderungsüberwachung *(Forts.)*

	ja	nein
Bestehen ausreichende Kontrollen in der Debitorenbuchhaltung, um sicherzustellen, dass die Summe der z.B. täglich erfassten Datensätze für eingegangene Zahlungen mit der Anzahl der Einreicherbelege bzw. Überweisungsträger übereinstimmt?		
Gibt es ausreichende Verfahren für die Untersuchung und Berichtigung von Differenzen oder fehlenden Belegen, die bei den beschriebenen Abgleichen ermittelt wurden?		
Stellen Kontrollen sicher, dass die Einzelheiten der Scheckeinreichungen bzw. Überweisungen (Betrag, Kundennummer, Rechnungsnummer) in der Debitorenbuchhaltung vollständig erfasst werden?		
Gibt es Kontrollen, die die zweimalige Verarbeitung desselben Zahlungseingangs verhindern?		
Werden sämtliche Bankkontensalden anhand der Tagesauszüge/Bankbestätigungen regelmäßig mit den Sachkontensalden (Kasse/Bank) abgestimmt?		
Werden die Kontrollverfahren überwacht?		

Eigene Anmerkungen:

III.
Unternehmensführung

Außenstandsmanagement

Das Kostensparpotenzial:

Durch ungenügende Überwachung der Bonität von Kunden und die darauf folgenden Forderungsausfälle werden jährlich mehr Unternehmen an den Rand des Ruins geführt, als es eine aktive „Unternehmenszerstörungspolitik" je könnte. Um nicht selbst in den Strudel der Illiquidität zu geraten, andererseits aber auch die Kosten für die Überprüfung nicht zu sehr ins Kraut schießen zu lassen, ist es notwendig, hier ein sinnvolles Außenstandsmanagement zu installieren.

46. Außenstandsmanagement

❏ Bonität des Kunden geprüft
  – Wann wurde die Bonität zuletzt überprüft?
  – Wer hat die Bonität überprüft?
  – Welche Abweichungen zum Vormonat oder zum Vorjahr haben sich ergeben?
  – Wann soll die Bonität erneut überprüft werden? Rat: Je schlechter die Bonität ausgefallen ist, desto schneller sollte sich die Wiederholungsprüfung anschließen.

❏ Mahnvorschlagsliste
  – Wer hat die Liste erstellt?
  – Wann wurde die Liste erstellt?
  – Wer hat sie wann überprüft und aktualisiert?

❏ Überwachung Mahnwesen
  – Wer überwacht das Mahnwesen?
  – In welchem Turnus wird die Überwachung durchgeführt (dauernd, stichprobenhaft)?

❏ Offene-Posten-Liste
  – Wer hat die Liste erstellt?
  – Wann wurde die Liste erstellt?
  – Wer hat wann die Liste überprüft?

❏ Offene-Salden-Liste
  – Wer hat die Liste erstellt?
  – Wann wurde die Liste erstellt?
  – Wer hat wann die Liste überprüft?

❏ Erstellen einer Liste der Kunden, die nicht mehr gegen Zahlungsziel zu beliefern sind
  – Wer hat die Liste erstellt?
  – Wann wurde die Liste erstellt?
  – Wer hat wann die Liste überprüft?

47. Zukunftssicherheit des Produkte-Mix

Prüfen Sie Ihre Produkte und Ihre Dienstleistungen auf:

- ❏ Konjunkturresistenz
- ❏ Konjunkturanfälligkeit
- ❏ Anfälligkeit für Wettbewerbsveränderungen
- ❏ Anfälligkeit für Käuferabwanderung

Sichern Sie die Stabilität langfristig ab durch:

- ❏ gezielte Zusammenführung entwicklungsfähiger Produktfelder
- ❏ interne Ausgleichsmöglichkeiten
- ❏ Vermeidung einer Monostruktur
- ❏ Unterlassung ausufernder Aktivitäten
- ❏ Aufgabe von unübersichtlichen Märkten
- ❏ Absenken der Gewinnschwelle durch Fixkostenabbau
- ❏ Sortiments-Controlling mittels der Deckungsbeitragsrechnung nach Produkt- und Kundengruppen
- ❏ Finanzreserven für längere Durststrecken

Eigene Anmerkungen:

Unternehmensführung

48. Beurteilung der Kosten-Zukunft

Versuchen Sie, Ihren Betrieb wirklich realistisch einzuschätzen.

Je weiter Ihre (ehrlichen!) Kreuzchen sich im rechten Bereich befinden, desto dringender müssen Sie Gegenmaßnahmen ergreifen.

Kostenstruktur	gut	mittel	schlecht
	5+ 4+ 3+ 2+ 1+	0	1- 2- 3- 4- 5-
Produktlinie 1			
Produktlinie 2			
...			
Halten des Marktanteils bei Produkt 1			
Halten des Marktanteils bei Produkt 2			
...			
Marketing			
Forschung und Entwicklung			
Technik			
Finanzen			
Material/Energie			
Führung			
Mitarbeiter			
Standort			
Gesamtpunkte			

Eigenfertigung oder Fremdbezug?

Das Kostensparpotenzial:

Die Entscheidung, ob Fremdbezug oder Eigenfertigung, hängt im Wesentlichen davon ab, für welchen Zeitraum (lang-, mittel- oder kurzfristig) sie gelten soll. Je nach der Geltungsdauer der Entscheidung sollten Sie auch Ihre Entscheidungskriterien gewichten. Ob Eigenfertigung oder ein Fremdbezug kostengünstiger ist, ändert sich unter Umständen in relativ kurzen Zeitabständen. Sie müssen Ihre Entscheidungen also periodisch überprüfen. Dabei sollten Sie nicht alle Produktgruppen über einen Kamm scheren. Prüfen Sie also auch einzelne Produktgruppen gesondert.

49. Eigenfertigung

Je öfter Sie mit „Ja" antworten, desto günstiger ist Eigenfertigung für Ihr Unternehmen.

	ja	nein
Einsparung von Vertriebskosten ist gegeben.		
Wegfall des Lieferanten-Gewinnzuschlags ist gegeben.		
Zahlung angepasster Fertigungslöhne ist möglich.		
Fertigungstechniken und -verfahren können rationalisiert werden.		
Fertigungsabfälle können wiederverwertet werden.		
Grenzkostenkalkulation bei Unterbeschäftigung ist erstellt worden.		
Gefahr einer Kapazitätsüberlastung wird reduziert.		
Regelmäßige Kontrolle des Fertigungsprozesses ist notwendig.		
Gegensteuerungsmaßnahmen des Fertigungsprozesses sind oft nötig.		
Eigenes Know-how ist vorhanden.		
Eigene Mitarbeiter haben langjährige Erfahrungen.		
Lagerhaltung ist geringer.		
Zahlungsbedingungen durch Vorlieferanten sind günstig.		
Ständige qualitative Produktverbesserung (Null-Fehler-System) ist notwendig.		

49. Eigenfertigung *(Forts.)*

	ja	nein
Eigene entwickelte Prüfverfahren bringen Qualitätsvorteile.		
Absatz wird durch hohe Qualitätsstandards verbessert.		
Absatz wird durch ständige Lieferbereitschaft verbessert.		
Betriebsgeheimnisse sind zu wahren.		
Individuelle Gestaltung der Produkte nach Kundenwünschen ist notwendig.		
Termine müssen regelmäßig koordiniert und abgestimmt werden.		
Transportzeiten fallen weg.		
Konventionalstrafe bei Terminüberschreitungen droht.		

Eigene Anmerkungen:

50. Fremdbezug

Je öfter Sie mit „Ja" antworten, desto günstiger ist Fremdbezug für Ihr Unternehmen.

	ja	nein
Günstigere Importmöglichkeiten		
Einsparungen von Transport- und Lagerkosten		
Lieferanten sind spezialisiert.		
Lohnkostenvorteil bei Lieferanten gegeben		
Freisetzung bestehender Eigenfertigungskapazitäten		
Vermeidung zusätzlicher Eigenfertigungskapazitäten		
Kapazitätenauslastungskosten verringern sich.		
Zusätzliche Investitionskosten werden vermieden.		
Kein Kapitalbedarf für erforderliche Produktionsmaterialien		
Kosteneinsparung bei Lagerhaltung		
Lieferant betreibt intensive Forschungs- und Entwicklungsarbeit.		
Bessere Qualitätskontrolle als bei Eigenfertigung möglich		
Eigene Fertigungskapazitäten können geschont werden.		
Absatz kann ohne zusätzliche Investitionskosten erhöht werden.		
Eigene Fertigungszeiten sind zu hoch.		
Geringe Terminprobleme bei Bedarfsschwankungen		
Produktionsrisiken der Einsatzgüterfertigung werden vermieden.		

Eigene Anmerkungen:

- -

- -

- -

51. Entscheidungskriterien für Eigen- oder Fremdfertigung

Ordnen Sie Ihre Produkte und Dienstleistungen den jeweiligen Kriterien zu und entscheiden Sie dann, ob ein Fremdbezug möglich ist oder ob nicht doch die Eigenfertigung trotz möglicher höherer Kosten für Ihr Unternehmen sinnvoller ist.

Eigenfertigung für Unternehmen sinnvoller

Für die Produkte, für die Sie mit „Ja" antworten, ist die Eigenfertigung sinnvoller:

	Produkt 1		Produkt 2		Produkt 3		...	
	ja	nein	ja	nein	ja	nein	ja	nein
Technologischer Kernbereich								
Herstellungsverfahren mit eigenem Know-how								
Strategisch wichtiges Basisprodukt								

Fremdbezug für Unternehmen möglich:

Für die Produkte, für die Sie mit „Ja" antworten, ist der Fremdbezug möglich:

	Produkt 1		Produkt 2		Produkt 3		...	
	ja	nein	ja	nein	ja	nein	ja	nein
Lieferant ist Partner im produktspezifischen Know-how								
Entwicklungsarbeiten mit Lieferant möglich								

51. Entscheidungskriterien für Eigen- oder Fremdfertigung *(Forts.)*

	Produkt 1		Produkt 2		Produkt 3		...	
	ja	nein	ja	nein	ja	nein	ja	nein
Hohe Investitionen								
Teure Investition in kurzlebige Anlagen								
Standardprodukt								
Einmalige Vertragsvereinbarung mit Lieferant möglich								
Leistungsfähiger und zuverlässiger Lieferant am Standort (besonders bei Dienstleistungen)								

Eigene Anmerkungen:

- -

- -

- -

- -

- -

Materialwirtschaft

52. Wirtschaftlichkeitsüberwachung

Je mehr Fragen Sie mit „Nein" beantworten, desto dringender ist Ihr Handlungsbedarf.

	ja	nein
Wird die Umschlagshäufigkeit nach Materialarten überwacht?		
Wird die Umschlagshäufigkeit nach Materialgruppen überwacht?		
Wird die Umschlagshäufigkeit nach Lägern überwacht?		
Wird der Materialverbrauch (Materialart/Lager/€/%) regelmäßig kontrolliert?		
Wird unregelmäßiger Materialverbrauch (Materialart/Lager/€/%) kontrolliert?		
Werden Einmalverbräuche (Materialgruppen/Lager/€/%) kontrolliert?		
Wird der Gesamtverbrauch überprüft?		
Wird das Verhältnis von Spezialmaterial (€) zu Standardmaterial (€) regelmäßig analysiert und kontrolliert?		
Werden regelmäßig Maßnahmen diskutiert, um Spezial- durch Standardmaterial zu ersetzen?		
Wurden Arbeitsgruppen für das Finden von Substitionsmöglichkeiten gegründet?		
Wird die Rabatt-Struktur regelmäßig überwacht?		
Wird die Rabatt-Struktur regelmäßig analysiert?		
Wird die Rabatt-Struktur regelmäßig aktualisiert?		
Wird die Skonti-Struktur regelmäßig überwacht?		
Wird die Skonti-Struktur regelmäßig analysiert?		
Wird die Skonti-Struktur regelmäßig aktualisiert?		
Werden die Zahlen über das Bestellobligo regelmäßig kontrolliert?		
Werden die Zahlen über das Bestellobligo regelmäßig analysiert?		

52. Wirtschaftlichkeitsüberwachung *(Forts.)*

	ja	nein
Werden die Zahlen über das Bestellobligo regelmäßig aktualisiert?		
Werden „Ladenhüter" erkannt?		
Werden erkannte „Ladenhüter" regelmäßig noch verwendet?		
Sind die Bestände ausreichend versichert?		
Wird der mittlere Einkaufswert je Lieferant regelmäßig kontrolliert?		
Wird der mittlere Einkaufswert je Bestellung regelmäßig kontrolliert?		
Werden die Bezugsnebenkosten regelmäßig auf Kostengünstigkeit untersucht?		
Werden die Materialgemeinkosten regelmäßig analysiert?		
Sind die Materialgemeinkosten in den letzten Betrachtungsperioden gesunken oder zumindest gleich geblieben?		
Ist die Entsorgungsverwaltung wirtschaftlich organisiert?		
Ist die Leergutverwaltung wirtschaftlich organisiert?		
Werden die Möglichkeiten einer Einkaufskooperation regelmäßig geprüft?		

Eigene Anmerkungen:

53. Logistik und Organisation

Je mehr Fragen Sie mit „Nein" beantworten, desto dringender ist Ihr Handlungsbedarf.

	ja	nein
Erlauben die Lagerräume (Größe, Maße, Gestaltung, Ausstattung, usw.) prozessrationelle Arbeitsabläufe?		
Hat sich die Sucharbeit in den Beobachtungsperioden verringert oder zumindest nicht erhöht?		
Hat sich die Zugriffsgeschwindigkeit in den Beobachtungsperioden erhöht oder zumindest nicht verringert?		
Hat sich die Anzahl der notwendigen Bewegungen pro Suche in den Beobachtungsperioden verringert oder zumindest nicht erhöht?		
Wird die Transporttechnik regelmäßig auf Produktivität untersucht?		
Werden die Lagerbewegungen (Eingänge, Umschichtungen, Ausgänge) erfasst und überwacht?		
Werden die Lagerbestände (Mindest-, Melde-, Höchstbestände) erfasst und überwacht?		
Werden regelmäßig die Möglichkeiten kostengünstigerer Lager-Zentralisierung geprüft?		
Werden regelmäßig die Möglichkeiten kostengünstigerer dezentraler Nebenläger geprüft?		
Werden regelmäßig die Möglichkeiten einer kostengünstigeren fertigungsorientierten Lagerbildung kontrolliert?		
Werden regelmäßig die Möglichkeiten einer kostengünstigeren stofforientierten Lagerbildung kontrolliert?		
Werden die Lagerarten (Eingangs-, Zwischen-, Hand-, Fertigungs-, Außenläger) regelmäßig auf wirtschaftlichen Sinn kontrolliert?		
Wird regelmäßig die Möglichkeit einer fertigungssynchronen Anlieferung („just in time") geprüft?		
Sind die Sicherheitsbestände durch kurze Lieferzeiten abgespeckt („Hand to mouth buying")?		
Ist die Material-Eingangsprüfung (Menge/Qualität) auf den Lieferanten übertragen?		

Inflation/Geldentwertung als Kostenfaktor

Das Kostensparpotenzial:

Bei Preissteigerungen aufgrund von Geldentwertung werden Ihre Erträge im Vergleich zur realen Kaufkraft zu hoch ausgewiesen, während Ihre Kosten und die Aufwendungen, die Sie hatten, im Vergleich zu der notwendigen Wiederbeschaffung zu niedrig ausgewiesen werden.

54. Maßnahmen zur Milderung der Inflation

	muss	soll	kann	nein
Ständige Verkaufspreisanpassung				
Erhöhter Lagerumschlag				
Anwendung des LIFO-Bewertungsverfahrens (LIFO = Last in – First out. Niedrige Bewertung des Vorratsvermögens durch Abgang der zuletzt zu hohen Preisen gekauften Vorräte)				
Rechnen mit realer Kapitalerhaltung (berücksichtigt nur Inflation)				
Anwendung von Preisindices (berücksichtigt nur Inflation)				
Schaffung einer Geldentwertungsrücklage (berücksichtigt nur Inflation)				
Rechnen mit Wiederbeschaffungswerten (berücksichtigt alle Preissteigerungen)				
Kalkulatorische Zuschreibung (Differenz zwischen Ersatzbeschaffungsvolumen und der Summe der kalkulatorischen Abschreibungen auf Anschaffungspreisbasis eines Jahres)				
Reinvestitionsrücklage bilden				
Importwarenabschlag nutzen				
Eiserne Bestandsrechnung				
Preisgleitklauseln in Verträge aufnehmen (Genehmigungspflicht prüfen)				
Wertsicherungsklauseln in Verträge aufnehmen (Genehmigungspflicht prüfen)				

54. Maßnahmen zur Milderung der Inflation *(Forts.)*

	muss	soll	kann	nein
Umschichtung in andere Währungen				
Eigenkapital reduzieren				

Eigene Anmerkungen:

55. Erkennen von Widerständen gegen Kostensenkungsprogramme

	bedeutsam	eher unbedeutend	völlig unwichtig
Angst um Arbeitsplatz			
Angst vor Mehrarbeit			
Angst, dass persönliche Leistungskapazität transparent wird			
Skepsis gegenüber allen Neuerungen			
Angst vor Veränderungen			
Bequemlichkeit			
Transparentwerden von gemachten Fehlern			
Angst vor Kritik			
Angst vor Abbau von Privilegien			
Angst vor Prestigeverlust			
Angst vor Machtverlust			
Zeitbelastung durch Kostensenkungsprogramme			
Arbeitsbelastung durch Kostensenkungsprogramme			
Sicherheitsdenken (Kostenreserven für die Zukunft)			
Unverständnis für die Notwendigkeit von Kostensenkungen			
Eingeständnis der eigenen Unfähigkeit			
Angst, dass der bisher Kostenbewusste bestraft wird			

56. Analyse der Kostensenkungsergebnisse

	Vorperiodenergebnis	Planergebnis	Ist-Ergebnis	Abweichung	Weitere Maßnahmen erforderlich	Keine weiteren Maßnahmen erforderlich
Kostenentwicklung nach…						
Produktgruppen						
Kundengruppen						
Gebieten						
Vertriebswegen						
Niederlassungen						
Verkaufsbüros						
Gebietsverkaufsleitungen						
Reale Senkung der Kosten						
Absatzentwicklung nach …						
Produktgruppen						
Kundengruppen						
Gebieten						

56. Analyse der Kostensenkungsergebnisse *(Forts.)*

	Vor-perioden-ergebnis	Plan-ergebnis	Ist-Ergebnis	Abwei-chung	Weitere Maßnah-men erfor-derlich	Keine weiteren Maßnah-men erfor-derlich
Vertriebs-wegen						
Nieder-lassungen						
Verkaufs-büros						
Gebiets-verkaufs-leitungen						
Entwick-lung der Deckungs-beiträge nach …						
Vertriebs-wegen						
Regionen						
Abnehmer-gruppen						
Aufträgen						
Einzelnen Kunden						
Einzelnen Produkten						
Entwick-lung der Durch-schnitts-preise nach …						

56. Analyse der Kostensenkungsergebnisse *(Forts.)*

	Vorperiodenergebnis	Planergebnis	Ist-Ergebnis	Abweichung	Weitere Maßnahmen erforderlich	Keine weiteren Maßnahmen erforderlich
Produktgruppen/ Vertriebswegen						
Produktgruppen/ Regionen						
Produktgruppen/ Abnehmergruppen						
Produktgruppen/ Einzelnen Kunden						
Entwicklung der Umschlagsgeschwindigkeiten nach …						
Einzelnen Produktgruppen						
Einzelnen Artikeln						
Einzelnen Niederlassungen						

56. Analyse der Kostensenkungsergebnisse *(Forts.)*

	Vorperiodenergebnis	Planergebnis	Ist-Ergebnis	Abweichung	Weitere Maßnahmen erforderlich	Keine weiteren Maßnahmen erforderlich
Entwicklung der Retourenquoten nach …						
Artikeln/ Einzelnen Kunden						
Artikeln/ Kundengruppen						
Artikeln/ Außendienstbezirken						
Artikeln/ Ursachen						
Entwicklung der Retourenkosten nach …						
Artikeln						
Retourenursachen						
Geschätzte Kundenverluste wegen Retouren						

57. Deckung des Informationsbedarfs zur Kostenentwicklungsprognose

	wichtig		
	ja	möglicherweise	nein
Ökonomische Entwicklungen			
Bundesrepublik Deutschland			
Gesamtwirtschaftliches Wachstum			
Verfügbares Einkommen			
Arbeitslosigkeit			
Kapitalmarkt			
Weltwirtschaft			
Währungssysteme			
Wettbewerbsbehinderungen			
Wettbewerbsverhalten			
Internationalisierung			
Soziodemografische und sozio-ökonomische Entwicklungen			
Bevölkerungsentwicklung			
Bevölkerungsstruktur			
Bildungsniveau			
Soziokulturelle Entwicklungen			
Wertvorstellungen			
Wertstrukturen			
Einstellungen zur Arbeit			
Freizeitverhalten			
Technologische Entwicklungen			
Mikroelektronik			

57. Deckung des Informationsbedarfs zur Kostenentwicklungsprognose *(Forts.)*

	wichtig		
	ja	möglicherweise	nein
Informationstechnologien			
Kommunikationstechnologien			
Rohstofftechnologien			
Materialtechnologien			
Energietechnik			
Biotechnologie			
Ökologische Entwicklungen			
Natürliche Ressourcen			
Luftqualität			
Wasserqualität			
Abfallbeseitigung			
Rechtliche politische Entwicklungen			
Allgemeine Bestimmungen/ Gesetze			
Verbraucherschutz			
Produkthaftung			
Gesetzgebungstendenzen			
Europäischer Binnenmarkt			
Einfluss von Bürgerinitiativen			

58. Unternehmensspezifischer Informationsbedarf

	wichtig		
	ja	möglicherweise	nein
Markt/Branche			
Absatzpotenzial			
Börsenberichte			
Branchenanalysen			
Branchenkennzahlen			
Branchenstruktur			
Komplementärmärkte			
Kooperationsmöglichkeiten			
Marktberichte			
Marktentwicklung			
Marktneuheiten auf anderen Märkten			
Marktpotenzial			
Marktprognosen			
Produkte auf anderen Märkten			
Wettbewerb/Konkurrenz			
Konsumentenverhalten			
Erlebniswelten			
Lebensstandard			
Markenbewusstsein			
Kostenbewusstsein			

58. Unternehmensspezifischer Informationsbedarf *(Forts.)*

	wichtig		
	ja	möglicherweise	nein
Polarisierungstendenzen			
Qualitätsansprüche			
Umweltbewusstsein			
Handelsverhalten			
Franchisesysteme			
Handelsmarken			
Konzentrationsprozesse			
Kooperationstendenzen			
Vertriebsformen			
Preiswettbewerb			
Hersteller/Lieferanten			
Wirtschaftlicher Status			
Konzentrationsprozesse			
Polarisierungstendenzen			
Technologie			
Vertriebspolitik			
Kooperationstendenzen			
Personalmarkt/-entwicklung			
Ausbildungssituation			
Fachkräftesituation			
Zeitarbeitsangebote			

58. Unternehmensspezifischer Informationsbedarf *(Forts.)*

	wichtig		
	ja	möglicherweise	nein
Weiterbildungsmaßnahmen			
Externe Seminare			
Interne Seminare			
Neue Dienstleistungen			
Kapitalmarkt			
Geldgeber			
Kreditinstitute/Rating			
Beteiligungen			
Finanzierungsmodell			
Finanzierungskosten			
Sonstiges			

Eigene Anmerkungen:

----

59. Veranstaltungskosten

	€	Übernahme ja	Übernahme nein	Sponsor
Reisekosten				
An- und Abreise Teilnehmer				
An- und Abreise Gäste				
An- und Abreise Referenten				
An- und Abreise Organisationsmitarbeiter				
Örtliche Transporte/Transfers, Busse, Taxis				
Rundfahrten				
Besichtigungen				
Übernachtungskosten				
Teilnehmer				
Gäste				
Referenten				
Organisationsmitarbeiter				
Chauffeure				
Begleitpersonen				
Sonstige				

59. Veranstaltungskosten *(Forts.)*

	€	Übernahme ja	Übernahme nein	Sponsor
Bewirtungskosten				
Verpflegung				
Erfrischungen				
Einladungen				
Gästegeschenke				
Repräsentation				
Raumkosten				
Bereitstellungskosten				
Raummieten				
Lehrmöbel				
Technik				
Mieten				
Gebühren				
Versicherung				
Organisationskosten				
Honorare				
Spesen				
Übernachtung/ Verzehr				
Hilfskräfte/Löhne				

59. Veranstaltungskosten *(Forts.)*

	€	Übernahme ja	Übernahme nein	Sponsor
Sonstige Kosten				
Versicherungen				
Steuern, Abgaben				
Gebühren				
Trinkgelder				
Kleinmaterial				
Internet, Telefon, Telex, Telefax, Porti, Telegramme				
Urheberrechte				
Verschiedenes				
Polizeistunden-verlängerung				
Drucksachen				
Entwurf, Druck				
Versand der Einladungen				
Tagungsunterlagen/-werbung				
Pressemitteilungen, -mappen				
Namensschilder				
Schilder/Paneele mit Tagungs- bzw. Firmenzeichen				

59. Veranstaltungskosten *(Forts.)*

	€	Übernahme ja	Übernahme nein	Sponsor
Gutscheine/ Eintrittskarten				
Dekoration				
Blumenschmuck				
Sonstige Dekorationen wie Fahnen etc.				
Rahmenprogramm				
Gagen Künstler				
Spesen				
Gema				
Presse				
Sonstiges				
Löhne sonstige Mitarbeiter				
Sekretariat				
Hostessen				
Dolmetscher				
Verschiedene				
Eigene Anmerkungen:				

60. Bewertung Kosten- und Leistungsfaktoren

	Unternehmens-bereich	Kosten- und Leistungsbereich	Wichtigste Konkurrenten
Material			
Preis			
Menge			
Qualität			
Fertigung			
Lohnkosten, insgesamt			
Rest-Gemeinkosten			
Sozialkosten			
Krankheitsquoten			
Gesetzliche Feiertage			
Arbeitsstunden			
Leistung			
Ausstoß pro Stunde			
Qualität			
Anzahl/Produkte			
Losgrößen			
Maschinen			
Abschreibung			
Energiekosten			
Zinskosten			
Raumkosten			

60. Bewertung Kosten- und Leistungsfaktoren *(Forts.)*

	Unternehmens-bereich	Kosten- und Leistungsbereich	Wichtigste Konkurrenten
Instandhaltungskosten			
Auslastung			
Leistung			
Distribution			
Verteilerorganisation			
Verkäuferqualität/-anzahl			
Lieferservice			
Regionenabdeckung			
Frachtkosten			
Verpackungskosten			
Zoll			
Service			
Anzahl Verarbeitungsmaschinen			
Miete pro Jahr			
Kosten der Hersteller			
Servicekosten			
Ersatzteildienst			
Umsatz pro Verarbeitungsmaschinen			

60. Bewertung Kosten- und Leistungsfaktoren *(Forts.)*

	Unternehmens-bereich	Kosten- und Leistungsbereich	Wichtigste Konkurrenten
Forschung und Entwicklung			
Kosten vom Umsatz			
Neuprodukterfolg			
Kapital			
Lagerumfang			
Lagerkosten			
Außenstände (€)			
Außenstände (Tage)			
Zahlungsausfälle			
Verwaltung			
Steuern			
Eigenkapitalquote			
Zinsen vom Umsatz			
Beschäftigte			

Eigene Anmerkungen:

Analyse der heimlichen Kostentreiber

Das Kostensparpotenzial:

In jedem Unternehmen gibt es Rituale, zusätzliche Sicherheitsroutinen oder „Erbhöfe", die nicht immer mit der nötigen Konsequenz auf ihre Daseinsberechtigung hin untersucht werden. Gerade sie aber sind Kostentreiber, die – einmal als solche erkannt – sich erheblich reduzieren lassen.

61. Analyse der heimlichen Kostentreiber

Kostentreiber	Vorjahr/€	Ist/€	Plan/€	Abweichung
Buchungen				
Mahnungen				
Rechnungen				
Besprechungen				
Kalkulationen				
Berichte				
Diktate				
Telefonate				
Werbemaßnahmen				
Kundenanzahl				
Kundenbesuche				
Reklamationen				
Variantenvielfalt				
Fertigungslose				
Entwicklungsvorhaben				
Berechnungen				

61. Analyse der heimlichen Kostentreiber *(Forts.)*

Kostentreiber	Vorjahr/€	Ist/€	Plan/€	Abweichung
Prüfungen				
Nacharbeiten				
Bestellungen				
Lieferungen				
Lieferantenzahl				
Lagerbewegungen				
Transporte				

Eigene Anmerkungen:

IV.
Budgetierung

Kostenkontrolle durch Budgetierung

Das Kostensparpotenzial:

Einer der sichersten Wege, um Kosten in den Griff zu bekommen und damit planbar zu machen, ist die Budgetierung von Kosten. Im Rahmen der unternehmensinternen Gesamtplanung wird der gewünschte Erfolg für die nächste Periode festgelegt. Dieser Erfolg bildet dann den Rahmen für die Bestimmung der einzelnen Budgets.

Der Budgetplanung muss immer die Budgetkontrolle folgen. Die Abweichungen müssen analysiert werden und in die neuen Plandaten wieder einfließen.

62. Kostenplanung für Budgetierung

Die Kostenplanung im Rahmen der Budgetierung kann grundsätzlich auf zwei Wegen erfolgen:

- von oben nach unten (top/down)
- von unten nach oben

So gehen Sie bei der Top/down-Strategie vor:

1. Planung des Gesamterfolgs
2. Planung der gesamten Kosten des Unternehmens
3. Verteilung auf die einzelnen Kostenarten
4. Verteilung der Kostenartenwerte auf die einzelnen Kostenstellen
5. Diskussion der Vorgabewerte mit den Verantwortlichen
6. Addition der in der Diskussion ermittelten Werte zu den Unternehmenswerten
7. Vergleich der Summen mit den Vorgabewerten. Bei Abweichung ist entweder der Gesamtplan anzupassen oder die Budgets sind neu zu verteilen.

So gehen Sie bei der Strategie von „unten nach oben" vor:

1. Die Kosten je Kostenart und Kostenstelle werden mit den Verantwortlichen diskutiert und festgelegt.
2. Die Kosten aller Kostenstellen werden addiert.
3. Die Werte werden mit den Werten des Gesamtplans verglichen.
4. Bei Abweichung ist entweder der Gesamtplan anzupassen oder die Budgets sind neu zu verteilen.

62. Kostenplanung für Budgetierung *(Forts.)*

Regelkreis der Budgetierung

Kostenplanung → Budgetvorgaben → Vergleich Budget mit Ist-Kosten ← Ist-Kosten ← Kostenverursachung

Vergleich Budget mit Ist-Kosten ↕ Abweichungsanalyse ↕ Ist Abweichung vermeidbar? → nein / ja

Eigene Anmerkungen:

63. Budgetierung der Forschungs- und Entwicklungskosten (F+E-Kosten)

	Tatsächlicher Budgetmaßstab	Geplanter Budgetmaßstab	Branchenüblicher Budgetmaßstab
Prozentsatz der Umsätze			
Prozentsatz des Netto-Gewinns			
Prozentsatz des investierten Kapitals			
Prozentsatz des Cash-flows			
Gesamtkosten eines bestimmten F+E-Stabs			
Gesamtkosten ausgewählter Projekte			
Langfristiges Mindestprogramm			

64. Auswahl bestehender Produkte in Abhängigkeit von F+E-Kosten

	Bestehendes Produkt 1	Bestehendes Produkt 2	Bestehendes Produkt 3	..
Entscheidungskosten				
Neuentwicklung				
Weiterentwicklung				
Verbilligung				
Verbesserung				
Verbesserung des Produktionsverfahrens				
Neue Anwendungsmöglichkeit				

65. Kontrolle der F+E-Kosten

- ❏ Benennung von Kostenverantwortlichen
- ❏ Genehmigung von Entwicklungsaufträgen
- ❏ Zeitschätzung des Projekts
- ❏ Kostenschätzung des Projekts
- ❏ Regelmäßiger Kostenbericht mit Plan/Ist-Vergleich
- ❏ Direkte Kostenzuordnung
- ❏ Umlage der indirekten Kosten auf die Projekte
- ❏ Regelmäßiger Fortschrittsbericht

Eigene Anmerkungen:

Budgetierung der Verwaltungs-Gemeinkosten

Das Kostensparpotenzial:

Budgetieren sollten Sie nur die Kosten, die für die Abteilungen auch tatsächlich beeinflussbar sind. Die Kosten, die nicht durch die Abteilungen beeinflusst werden können, wie z.B. Raum- und Energiekosten oder andere Umlagen, sollten Sie als Kostenblock erfassen und analysieren.

Unbeeinflussbare Kosten sollten Sie, wo immer möglich, zurechenbar und damit beeinflussbar machen. Nur so können Sie heimliche Kostentreiber aufspüren und ausmerzen.

66. Kostensenkung im Verwaltungs-Gemeinkostenbereich

	muss	soll	kann	nein
Arbeitsplatzanalyse				
Arbeitsplatzwertung				
Funktionszusammenlegung				
Überstundenreduzierung				
Einschränkung von Dienstreisen				
Bessere Koordinierung von Dienstreisen				
Einschränkung der Beschaffung von Werbegeschenken				
Einschränkung der Verteilung von Werbegeschenken				
Koordinierung der Beschaffung von Werbegeschenken				
Koordinierung der Verteilung von Werbegeschenken				
Überprüfung der Notwendigkeit von Mitgliedschaften in Verbänden, Organisationen, …				
Überprüfung der Notwendigkeit des Bezugs von Zeitungen				
Überprüfung der Notwendigkeit des Bezugs von Zeitschriften				
Überwachung der Internet- und Telefonkosten				

66. Kostensenkung im Verwaltungs-Gemeinkostenbereich *(Forts.)*

	muss	soll	kann	nein
Überwachung der Kopierkosten				
Überprüfung des Berichtswesens auf Notwendigkeit				
Überprüfung des Berichtswesens auf Verteilerumfang				
Überprüfung regelmäßiger Konferenzen/Besprechungen/Beratungen auf Notwendigkeit				
Überprüfung regelmäßiger Konferenzen/Besprechungen/Beratungen auf Teilnehmerkreis				
Rationalisierung von Bürotätigkeiten durch DV-gerechte Formulare				
Outsourcing von Schreibarbeiten auf Schreibbüros				
Einsatz von Pendelbriefen mit Antwortteil/Internet/E-Mail				
Outsourcing der Loseblattablage				
Jährliche Registraturinventur und Vernichtung von veraltetem Schriftgut (gesetzliche Aufbewahrungsfristen beachten!)				
Vernetzung durch Personalcomputer: „papierloses Büro"				
Verminderung von Fremdleistungen				
Zero-Base-Budgeting				
Reduzierung der Energiekosten				

Eigene Anmerkungen:

- -

- -

- -

- -

- -

67. Budget-Kontrolle (in Anlehnung an S.O. Carlsen)

Je mehr Fragen Sie mit „Nein" beantworten, desto größer ist Ihr Handlungsbedarf.

	ja	nein
Ist sichergestellt, dass als Ergebnis der Vorab-Budgetplanungsprozesse nur vorab genehmigte Budgets durch das Investitions-Controlling im System erfasst werden?		
Wird nach Erfassung der Budgetdaten durch die Abteilung Investitions-Controlling ein Kontrollbeleg ausgedruckt, der anhand der Originaldokumente der Budgetplanung von einem nicht mit der Erfassung und dem Controlling von Investitionsbudgets betrauten Mitarbeiter auf Vollständigkeit und Richtigkeit überprüft und durch Abzeichnen genehmigt wird?		
Ist sichergestellt, dass keine nachträglichen Änderungen an den Budgets durch das Controlling vorgenommen werden können?		
Ist sichergestellt, dass alle Neuanlagen-Kostenvoranschläge sich komplett auf ein bestimmtes Teilbudget beziehen und nicht nur Teil-Kostenvoranschläge für ein Gesamtbudget sind?		
Ist sichergestellt, dass die Abteilung Ingenieurwesen die Kostenvoranschläge mit Budgetnummern und näheren Erläuterungen kennzeichnet, sodass Verwechslungen mit anderen Vorhaben und deren Budgets im Controlling ausgeschlossen sind?		
Sind die Abstimmungsprozesse im Controlling so gestaltet, dass es bei wesentlichen Budgetüber- oder -unterschreitungen umgehend zu einer Überprüfung in Zusammenarbeit mit dem Ingenieurwesen kommt?		
Ist sichergestellt, dass der Kontrollvermerk erst nach Abschluss der Prüfung angebracht wird?		
Ist sichergestellt, dass die Geschäftsleitung vor der Unterschriftsleistung auf den Kontrollvermerk des Investitions-Controlling achtet?		
Werden nur von der Geschäftsleitung genehmigte und vom Investitions-Controlling geprüfte Neuanlagen-Kostenvoranschläge weiterverarbeitet?		
Leitet die Abteilung Ingenieurwesen den abgezeichneten Kostenvoranschlag zusammen mit der zugehörigen Bestellanforderung an die Einkaufsabteilung weiter?		
Kann die Einkaufsabteilung die Genehmigungsprozesse vor dem tatsächlichen Einkaufsvorgang nochmals abstimmen?		

V.
Rating und Finanzierung

Rating

Offiziell wird das Rating für Kreditsuchende zwar erst 2007 eingeführt – tatsächlich aber verfahren die weitaus meisten Kreditinstitute bereits heute nach den Rating-Kriterien.

Vielen Unternehmern, vor allem aus kleineren und mittleren Betrieben, ist jedoch nicht bewusst, in wie vielen unternehmerischen Bereichen das Rating-Verfahren bedeutsam ist.

Das Kostensparpotenzial:

Um (zins-)günstige Kredite zu erhalten, müssen folgende Grundregeln beachtet werden:

1. Je besser die Eigenkapitalausstattung des Unternehmens, desto größer die Unabhängigkeit von Kreditinstituten, desto besser die „Rating-Noten", desto günstiger die Kredite.
2. Je offener die Kommunikation mit den Kreditgebern, desto größer deren Bereitwilligkeit, auch in schwierigeren Situationen „bei der Stange zu bleiben".

68. Bedeutung von Rating

- Jede Bank hat ihr eigenes Rating-System!

- Je besser die „Note" ist, die Sie von der Bank für Ihr Unternehmen erhalten, desto günstiger sind die Kreditbedingungen, die Sie erhalten.

- Rating wird eine Daueraufgabe sein. Es wird ein Erst-Rating geben, dem – je nach Höhe und Laufzeit des Kredits bzw. Anzahl der „unschönen" Vorkommnisse während der Laufzeit – in regelmäßigen Abständen weitere Ratingverfahren folgen.

- Es wird keinen „festen", zugesagten Zins mehr über eine längere Laufzeit geben. Sie werden sich „Ihre Zinshöhe" durch eine offene Kommunikation mit den Kreditgebern regelmäßig neu „erarbeiten" müssen.

- „Offene Kommunikation" bedeutet, dass den Kreditgebern regelmäßig, unaufgefordert, zeitnah und umfassend die Jahresabschlüsse und Zwischenabschlüsse (BWA) zur Verfügung gestellt werden.

- Dabei sollten Sie beachten: Ihre Steuerbilanz „geht niemanden etwas an", also nur Sie und Ihr Finanzamt. Sie sollten keinem (potenziellen) Kreditgeber eine Steuerbilanz geben.

- Geeignet zur Vorlage beim Kreditgeber ist der Jahresabschluss nach HGB oder – noch besser, da für die Banken einfacher zu lesen und zu interpretieren – nach IAS (International Accounting Standards)/IFRS (International Financial Reporting System) bzw. bei internationaler Geschäftstätigkeit, vor allem in USA, nach US-GAAP (Generally Accepted Accounting Principles).

68. Bedeutung von Rating *(Forts.)*

- ❏ „Offene Kommunikation" bedeutet auch, dass Sie mittels Kennzahlen, Kennzahlen-Systemen, wie beispielsweise der Balanced Scorecard, Controlling und fortgeschriebenen Business-Plänen, den Kreditgebern zeigen,
  - dass Sie Ihre Zahlen kennen und
  - dass Sie auf Veränderungen reagieren (können).

- ❏ „Harte", also zahlenuntermauerte Daten sind beim Rating nur die eine Seite der Medaille. Sie machen etwa 60 % Ihrer Wertnote aus.

- ❏ Was die Kreditgeber von Ihnen auch verlangen, sind „Zukunftsperspektiven", also: Gibt es reguläre Chancen, dass das Unternehmen auch morgen und übermorgen noch besteht? Oder ist es von einer einzigen Person, nämlich Ihnen als Unternehmer, abhängig?

69. Ratingsysteme

- ❏ Beim so genannten „Creditrating" erfolgt die Beurteilung des Rating aus Gläubigersicht. Hier wird hauptsächlich die Kapitaldienstfähigkeit ins Kalkül gezogen, denn erstrangiges Ziel des Kreditgebers ist es, sein eingesetztes Kapital mit Zins und Zinseszins wiederzuerhalten.

- ❏ Beim so genannten „Equityrating" dagegen wird das Rating aus Eigentümersicht bewertet. Hier interessiert vor allem die Fähigkeit, den Marktwert des Unternehmens vergrößern zu können.

- ❏ Das so genannte „Bonitätsrating" ist in aller Regel auf ein bestimmtes Kreditengagement gerichtet. Es geht also darum, ob der „Geratete" den Kredit, den er erhalten hat, zurückzahlen kann. Beim Bonitätsrisiko bekommen Sicherungsaspekte eine besondere Bedeutung.

- ❏ Von einem „internen Rating" spricht man dann, wenn die Banken oder Kreditinstitute, die um ein Darlehen angegangen werden, ein Ratingverfahren durchführen.

- ❏ Von einem „externen Rating" spricht man dann, wenn speziell beauftragte Unternehmensagenturen das Unternehmen raten.

- ❏ „Bilanzratings" basieren allein auf quantitativen Daten des Jahresabschlusses.

- ❏ „Gesamtratings" umfassen auch qualitative Daten.

- ❏ Branchenratings und Länderratings beziehen sich auf das jeweilige Betrachtungsobjekt Branche oder Land bzw. Nation.

70. Liquiditätsbedarfs-Check

Das Kostensparpotenzial

Die finanzielle Ausstattung – in Abhängigkeit von den anstehenden Kosten – ist für viele Unternehmer ein bedeutender Engpass für ihre Pläne. Da die Ausstattung mit Eigenkapital in aller Regel gering ist, hängt die mögliche Realisierung der Pläne meist davon ab, welche weiteren Finanzierungsquellen offen stehen.

„Überbescheidenheit", die Höhe der benötigten Finanzmittel betreffend, ist falsch am Platz. Denn das „Nachkarten", der Versuch, den gewährten Kreditrahmen im Nachhinein mehrfach zu erhöhen – wenn auch nur um geringe Beträge – schadet. Dieses Verhalten scheint von einer unzureichenden Planung zu zeugen und verschlechtert folglich die Rating-Note, was wiederum höhere Kreditkosten zur Folge hat. Besser also, Sie checken genau ab, welche Liquidität (= unmittelbar verfügbare finanzielle Mittel) Sie konkret zu welchen Zeitpunkten benötigen und aus welchen Quellen Sie den Liquiditätsbedarf decken können.

Frage	Eigene Einschätzung	Handlungsbedarf	Termin
Wie hoch ist der Liquiditätsbedarf?			
Wie hoch ist der Investitionsbedarf?			
Welche Mittel braucht die geplante Strategie?			
Welche Finanzierungspotenziale stehen noch offen?			
Welche Unterstützung bietet die Hausbank?			
Welche Unterstützung bieten andere Banken?			
Welche Finanzierungsangebote gibt es derzeit auf dem Markt?			
Können Förderprogramme genutzt werden?			
Wenn ja, welche?			
Können die bereits bestehenden Kosten im Finanzierungsbereich gesenkt werden?			
Können die künftigen Kosten im Finanzierungsbereich gesenkt werden?			
Kann die Liquidität verbessert werden?			

71. Eigenkapital-Check

Das Kostensparpotenzial

Je besser Ihre Ausstattung mit Eigenkapital ist, desto eher sind auch Kreditgeber bereit, Ihnen Fremdkapital zur Verfügung zu stellen. Dies gilt vor allem vor dem Hintergrund der anstehenden Rating-Verfahren und der Kriterien von „Basel II".

Immer noch gilt die „goldene Finanzierungsregel": Langfristig im Unternehmen bleibende Vermögensgegenstände sollten Sie tunlichst immer mit Eigen- und nur in Ausnahmefällen mit Fremdkapital (dann aber auch unbedingt langfristigem Fremdkapital) finanzieren.

Wenn Sie kein „eigenes" Eigenkapital haben, sollten Sie sich „fremdes" Eigenkapital (stille Gesellschafter, Venture Capital, Mezzanine-Finanzierungen) beschaffen.

Eigenkapitalbeschaffungsmaßnahme	Möglich	Nicht möglich	Höhe
Privatvermögen, das ins Unternehmen eingebracht werden kann			
– Grundstücke			
– Gebäude			
– Gebäudeteile			
– Pkw			
– Forderungen			
– Lizenzen			
– Patente			
Aufnahme stiller Gesellschafter			
Unterbeteiligungen			
Aufnahme eines Partners/Mitgesellschafters			
Venture Capital / Mezzanine-Finanzierung			

72. Fremdkapital-Check

Das Kostensparpotenzial

Je höher Ihr Unternehmen verschuldet ist, je höher der Anteil an „unproduktivem Fremdkapital", wie z.B. Rückstellungen für Garantiearbeiten oder Gerichtsprozesse, je höher die kurzfristigen Kredite wie z.B. Lieferantenkredite (Material „auf Pump", Kundenanzahlungen, ...) sind, desto schlechter Ihr Eindruck bei potenziellen Kapitalgebern. Deshalb müssen Sie den Bestand Ihres Fremdkapitals regelmäßig auf Herkunft und auf Fristigkeit checken und nötigenfalls umschulden oder alternativ finanzieren.

Tatbestand	Höhe des Bestands	Mögliche Höhe	Differenz	Handlungsbedarf
Bilanzpositionen, die zum Fremdkapital gehören				
Verbindlichkeiten gegenüber Kreditinstituten				
Verbindlichkeiten aus Lieferungen und Leistungen				
Wechselschulden				
Erhaltene Anzahlungen auf Bestellungen				
Sonstige Verbindlichkeiten				
Passive Rechnungsabgrenzungsposten				
Rückstellungen (z.B. für fällige Steuern, Prozessaufwendungen und Garantieverpflichtungen)				
Kreditfinanzierung				
Bankkredite				
– kurz- und mittelfristige Bankkredite				
❏ Kontokorrentkredit				

72. Fremdkapital-Check *(Forts.)*

Tatbestand	Höhe des Bestands	Mögliche Höhe	Differenz	Handlungs-bedarf
❏ Wechseldiskontkredit				
❏ Akzeptkredit				
❏ Lombardkredit				
❏ Avalkredit (= Bürgschaftskredit)				
❏ Zessionskredit				
– *langfristige Bankkredite*				
❏ Hypothekenkredit				
❏ Grundschuldkredit				
❏ Anleihen				
❏ Schuldscheindarlehen				
❏ Sonstige langfristige Bankkredite				
Handelskredite				
❏ Lieferantenkredite				
❏ Kundenanzahlungen (= Kundenkredite)				
Kapitalmarktkredite				
❏ Anleihen (nur bei großen Unternehmen)				
❏ Schuldscheindarlehen				

72. Fremdkapital-Check *(Forts.)*

Tatbestand	Höhe des Bestands	Mögliche Höhe	Differenz	Handlungsbedarf
Kredite durch andere Dritte				
❏ Kredite durch die öffentliche Hand (Fördermittel)				
❏ Sonstige Dritte (andere Firmen, Gesellschafter, sonstige Privatpersonen, z.B. Angehörige, Mitarbeiter)				
Kredit-Sonderformen				
❏ Stille Beteiligung				
❏ Unterbeteiligung				
❏ Leasing				
❏ Pensionszusagen und -rückstellungen				
❏ Weitere so genannte Deferred Compensations				
❏ Stock Options				
Langfristige Verbindlichkeiten				
Langfristige Verbindlichkeiten haben eine Laufzeit von mindestens 4 Jahren. Darunter fallen hauptsächlich:				
❏ Anleihen, auch Wandelschuldverschreibungen				
❏ Verbindlichkeiten gegenüber Kreditinstituten (Bankdarlehen mit festen monatlichen bzw. vierteljährlichen Zins- und Tilgungsraten, auch Annuitätentilgung)				

72. Fremdkapital-Check *(Forts.)*

Tatbestand	Höhe des Bestands	Mögliche Höhe	Differenz	Handlungsbedarf
❏ Sonstige langfristige Verbindlichkeiten (Schuldscheindarlehen, Hypotheken- und Rentenschulden gegenüber Versicherungen)				
Kurzfristige Verbindlichkeiten (§ 266 HGB)				
❏ Verbindlichkeiten aus Lieferungen und Leistungen				
❏ Schuldwechsel (Tratten, Akzepte, Solawechsel)				
❏ Verbindlichkeiten gegenüber Kreditinstituten mit einer Laufzeit bis zu 4 Jahren				
❏ Erhaltene Anzahlungen von Kunden				
Sonstigen Verbindlichkeiten				
❏ Gehälter und Löhne, soweit noch nicht ausbezahlt				
❏ Fällige Provisionen				
❏ Einbehaltene Abgaben: Arbeitnehmeranteil zur Renten-, Kranken- und Arbeitslosenversicherung				
❏ Arbeitgeberanteil zur Sozialversicherung				
❏ Steuerschulden				

72. Fremdkapital-Check *(Forts.)*

Tatbestand	Höhe des Bestands	Mögliche Höhe	Differenz	Handlungs-bedarf
❏ Einbehaltene und abzuführende Steuern (Lohnsteuer, Kirchensteuer, Kapitalertragsteuer, Umsatzsteuer)				
❏ Auszuschüttender Gewinn/Entnahmen				
❏ Gewinn- oder Zinsanteil, z.B. bei stiller Gesellschaft oder Unterbeteiligung				

Eigene Anmerkungen:

Kostenkontrolle durch die richtige Finanzierung

Das Kostensparpotenzial:

Eine Fremdfinanzierung bietet zunächst durchaus Vorteile. So können Sie durch Fremdfinanzierung Liquiditätsengpässe beheben, den direkten Einfluss von Kapitalgebern auf die Unternehmensführung verhindern, Sie brauchen dem Kreditgeber keine Gewinnbeteiligung einzuräumen. Als Schuldner profitieren Sie von der Inflation und – bei guter Ertragslage – vom Leverage-Effekt.

Die Nachteile der Fremdfinanzierung: Zinsbelastung, Tilgung des aufgenommenen Kredits, Kreditwürdigkeit nimmt mit zunehmender Verschuldung ab und – last but not least – eine Überschuldung ist dann, wenn Sie Ihr Unternehmen als GmbH führen, ein Insolvenzgrund.

Sie beobachten die gesamte Fremdfinanzierung Ihres Unternehmens genau. Bei erkennbaren Fehlentwicklungen steuern Sie sofort und energisch gegen. Dabei beziehen Sie auch die Kredit-Merkmale

- Laufzeit
- Kreditgeber
- Kapitalherkunft
- Art der Kreditsicherung
- Verwendungszweck
- Verzinsung

in Ihre Betrachtungen ein.

73. Fremdfinanzierung / Sinn

Je öfter Sie mit „Ja" antworten, desto sinnvoller ist eine Unternehmensfinanzierung mit Kredit für Sie.

	ja	nein
Es sind Liquiditätsengpässe absehbar, die behoben werden müssen.		
Mitarbeit und Mitverantwortung des Kapitalgebers ist erwünscht.		
Gewinnbeteiligung des Fremdkapitalgebers ist nicht erwünscht.		
Das Unternehmen kann die stetige Zinsbelastung auch in Verlustzeiten ertragen.		
Das Unternehmen kann den aufgenommenen Kredit tilgen.		
Die Kreditwürdigkeit des Unternehmens nimmt durch den neuen Kredit nicht erheblich ab.		

73. Fremdfinanzierung / Sinn *(Forts.)*

	ja	nein
Für das vorhandene Eigenkapital sind sinnvolle Anlagemöglichkeiten gegeben.		
Die Kreditaufnahme spart Steuern.		
Es kann keine Innenfinanzierung durchgeführt werden.		
Es kann eine Finanzierung über Gesellschafter-Darlehen erfolgen (nur bei GmbH / AG steuerlich interessant).		
Es kann eine Finanzierung über Angehörigen-Darlehen erfolgen.		
Es kann eine Finanzierung über Mitarbeiter-Darlehen erfolgen.		

Eigene Anmerkungen:

Factoring

Das Kostensparpotenzial:

Factoring bedeutet, dass ein Unternehmen seine Forderungen – ganz oder teilweise – vor deren Fälligkeit an ein anderes Unternehmen verkauft, das dann die ausstehenden Rechnungen bei Fälligkeit auf eigene Rechnung eintreibt. Grundsätzlich also ist Factoring eine Alternative zur klassischen Fremdfinanzierung.

Gleichwohl darf nicht verkannt werden, dass Factoring eine „sensible" Art der Finanzierung ist und nicht bei allen Forderungen des Unternehmens „blind" angewendet werden sollte. Es gibt unter Umständen Kunden, die aus dem Verkauf ihrer Forderungen die falschen Schlüsse bezüglich der Bonität und Kreditwürdigkeit Ihres Unternehmens ziehen.

74. Factoring als Finanzierungsalternative

	Kosten ohne Factoring	Kosten mit teilweisem Factoring	Kosten mit totalem Factoring	Unterschied min.	Unterschied max.
Personalkosten					
Lieferantenskonto					
Sachkosten					
Buchungskosten					
Investitionen					
Zinsbelastung					
Kunden-Bonitätsprüfung					
Forderungsausfallversicherung					
Mahn- und Inkassowesen					
Rechtsanwaltsgebühren					
Gewerbesteuer					
Skontoaufwand					

Leasing

Das Kostensparpotenzial:

Leasing nennt man die mittel- bis langfristige Miete (Gebrauchsüberlassung) von Investitionsgütern.

Leasingverträge können es in sich haben! Wenn Sie unsicher sind, unter welche Verpflichtung genau Sie Ihre Unterschrift setzen, sollten Sie unbedingt Ihren Berater fragen und sich alles haarklein erklären lassen. Das kommt Sie letztendlich preiswerter als der Schaden, der für Sie durch einen falschen Vertrag entstehen kann. Die Stolperdrähte beim Leasing sind nicht nur auf rechtlicher Seite dicht gespannt. Auch das Finanzamt interessiert sich ganz außerordentlich dafür, wie Ihr Leasingvertrag ausgestaltet ist. Und nach der Ausgestaltung richten sich die Steuerfolgen – mit teilweise ganz erstaunlichen Unterschieden.

Geleast werden kann grundsätzlich alles: angefangen von Grundstücken, Gebäuden, Betriebsvorrichtungen über Maschinen bis hin zu Büroeinrichtungen und EDV.

Am häufigsten werden Straßenfahrzeuge geleast (über 50% aller Leasingfälle). An zweiter Stelle der „Leasing-Rangfolge" stehen EDV und Büromaschinen, dann Geschäfts- und Bürogebäude, Maschinen für die Produktion, Nachrichten- und Signaltechnik, Luft- und Wasserfahrzeuge, sonstige Transportmittel, Handelsobjekte (z.B. Warenhäuser), sonstige Bauten (z.B. Rohrleitungen), Produktionsgebäude, Lagerhallen. Das Schlusslicht bilden komplette Produktions- und Versorgungsanlagen.

Wenn Sie mehrere Leasingangebote haben, sollten Sie die teilweise unübersichtlichen Vertragsbedingungen „aufdröseln" und die für Ihr Unternehmen günstigsten Bedingungen herausfinden.

75. Leasingangebote – Vergleich

	Leasinggeber 1		Leasinggeber 2		Leasinggeber 3	
	€	Punkte	€	Punkte	€	Punkte
Leasingrate						
Fälligkeit						
linear						
degressiv						
Sonderzahlung						
Höhe						
Verrechnung mit Leasingraten						

75. Leasingangebote – Vergleich *(Forts.)*

	Leasinggeber 1		Leasinggeber 2		Leasinggeber 3	
	€	Punkte	€	Punkte	€	Punkte
Kautionszahlungen						
Mietnebenkosten (z.B. Versicherung)						
Leistungen bei Vertragsende						
Optionspreis						
Mietverlängerungs-leasing						
Andienungspreis						
Mehr-/Mindererlös-beteiligung						
Abschlusszahlung bei Kündigung						
Mehrkilometer-zahlung						
Wertminderungssatz						
Summe Punkte						

Eigene Anmerkungen:

- -

- -

- -

- -

- -

76. Leasing kontra Kauf auf Kredit?

Leasing bietet kurzfristige Finanzierungsvorteile. Dennoch sollten unbedingt die Vor- und Nachteile der traditionellen Finanzierung gegen die Vor- und Nachteile des Leasing abgewogen werden.

Traditionelle Finanzierung €	Leasing €
+ Investitionszulage ./. AfA Investitionsobjekt ./. Fremdkapital ./. AfA Disagio + sonstiger unterschiedlicher Ertrag ./. sonstiger unterschiedlicher Aufwand	+ Auszahlung Investitionszulage + Zinsen aus Kautionsleistungen + Veräußerungsgewinn beim Sale-and-lease-back + Mehrerlösbeteiligung + Minderkilometererstattung ./. Leasingrate ./. Mietsonderzahlung ./. Abschlusszahlung bei Kündigung ./. Wertminderungsersatz ./. Rückführungskosten ./. AfA nach Andienung bzw. Ausübung einer Kaufoption + sonstiger unterschiedlicher Ertrag ./. sonstiger unterschiedlicher Aufwand
= Veränderung des Gewinns/Verlusts	= Veränderung des Gewinns/Verlusts
./. Investitionszulage	
= Veränderung des zu versteuernden Gewinns/Verlusts	= Veränderung des zu versteuernden Gewinns/Verlusts

Eigene Anmerkungen:

77. Liquiditätsanalyse bei Leasing

Traditionelle Finanzierung	Leasing
+ Darlehensauszahlung + Investitionszulage + Steuerentlastung aus Investitionen ./. Anschaffungswert ./. Fremdkapitalzinsen ./. Steuerbelastung aus Investitionen + sonstige unterschiedliche Einnahmen ./. sonstige unterschiedliche Ausgaben*	+ Veräußerungserlös + Auszahlung Investitionszulage + Rückzahlung Kaution + Mehrerlösbeteiligung + Minderkilometererstattung + Steuerentlastung aus Investitionen ./. Leasingrate ./. Mietsonderzahlung ./. Kautionszahlung ./. Abschlusszahlung bei Kündigung ./. Optionspreis ./. Andienungspreis ./. Mindererlösbeteiligung ./. Mehrkilometerzahlung ./. Wertminderungsersatz ./. Rückführungskosten ./. Steuerbelastung aus Investitionen ./. sonstige unterschiedliche Einnahmen ./. sonstige unterschiedliche Ausgaben
= Veränderung der Periodenliquidität	= Veränderung der Periodenliquidität

* Hierzu zählen z.B. im Vergleich zum Leasing unterschiedliche Wartungs-, Instandhaltungs- oder Versicherungsausgaben, aber auch unterschiedliche Personalausgaben.

Eigene Anmerkungen:

VI.
Jahresabschlüsse und Steuererklärungen

Jahresabschlüsse und Steuererklärungen

Das Ende seines Geschäfts- oder Wirtschaftsjahrs kann sich ein Unternehmen selbst wählen. Jahresabschlüsse sollten unterschieden werden nach Zielgruppen und Adressaten.

In unterschiedlichen Jahresabschlüssen sollten Sie unterschiedliche Bilanzpolitikstrategien fahren. Mögliche Bilanzadressaten sind

- Gläubiger und Kreditgeber
- Mitarbeiter
- Konkurrenten
- Finanzamt

Ein handelsrechtlicher Jahresabschluss besteht – in Abhängigkeit von der Rechtsform – aus mehreren Teilen:

- Bilanz
- Gewinn- und Verlustrechnung
- Anhang (bei Kapitalgesellschaften)
- Lagebericht (bei Kapitalgesellschaften)

Der handelsrechtliche Jahresabschluss ist die Grundlage für den steuerlichen Jahresabschluss.

Ob eine Bilanzierung nach IAS / IFRS ins Auge gefasst werden sollte, ist derzeit noch eine Frage der Unternehmensgröße – aber mit zunehmender Bedeutung des Rating wird der Druck der Banken auch auf mittelständische Unternehmen wachsen, nach internationalen Grundsätzen zu bilanzieren.

Buchhaltung, Bilanzierung, Jahresabschlüsse, Steuererklärungen: Für jeden (Teil-)Bereich gibt es Firmen oder Berater, die diese Aufgaben – formelle Qualifikation vorausgesetzt –, erledigen dürfen.

Aber: Niemand ist gezwungen, einen Berater zu beauftragen. Jeder kann seine Angelegenheiten und die dazu notwendigen Vorarbeiten selbst erledigen. In diesem Fall darf er aber nicht versäumen, neben den direkten und ins Auge fallenden Kosten (z.B. Beraterhonorare) die Zeiten und Kosten für die notwendige Weiterbildung auf diesem Gebiet (dauernde Rechts- und Steueränderungen, z.Zt. mindestens einmal jährlich; Rechtsprechung) zu kalkulieren und die notwendige Anpassung der Hilfsmittel (EDV-Programme) sowie die Zuverlässigkeit der Anbieter zu prüfen.

78. Jahresabschluss: „Eigenfertigung" oder „Fremdbezug"

Das Kostensparpotenzial:

Am besten ist, Sie prüfen nach den folgenden Kriterien, ob für Sie in der Buchhaltung/Bilanzierung Ihrer Firma eine Eigenfertigung oder ein Fremdbezug kostengünstiger ist.

Scheren Sie dabei nicht alle (vorbereitenden) Arbeiten über einen Kamm. Vergessen Sie nicht, bei einer ins Auge gefassten Inhouse-Lösung mit den entsprechenden Mitarbeitern deren aktuellen Kenntnisstand und deren Bereitschaft zu besprechen, auch kompliziertere Buchungen oder Bilanzierungen verantwortlich zu übernehmen und vor allem auch die Formulierung von Anhang und Lagebericht sowie die – bei Krediten oder bei bestimmten Größenklassen und Rechtsformen – notwendigen Gespräche mit den Steuerberatern, vereidigten Buchprüfern und Wirtschaftsprüfern zu führen.

Grundsatzanalyse:

	unabdingbar	wichtig	vernachlässigbar	unwichtig
Einsparung von Fremdhonoraren				
Ausnutzung von ohnehin notwendigem Wissen in der Firma				
Reduzierung der Gefahr einer Kapazitätsüberlastung beim Berater zu bestimmten Zeiten				
Bessere Kontrolle und Gegensteuerungsmaßnahmen der Steuerzahlungen				
Besseres betriebsinternes Know-how bzw. langjährige Erfahrungen der eigenen Mitarbeiter				
Individuellere Gestaltung der Unterlagen nach betrieblichen Notwendigkeiten und Informationswünschen				

78. Jahresabschluss: „Eigenfertigung" oder „Fremdbezug" (Forts.)

	unabdingbar	wichtig	vernachlässigbar	unwichtig
Zeitnähe der Buchungen, Zwischen- und Jahrsabschlüsse				
Vertretungsregelungen und notwendige Mehrausbildung bei Inhouse-Lösung				
Termintreue				
Mitarbeiter				
Berater				
Unabhängigkeit				
Weiterbildungskosten				
Fachliteratur				
EDV-Programme				
Seminare				
Zusätzliche Investitionskosten (z.B. EDV-Hardware, Sicherheit)				
Qualitätskontrolle				
Kontaktmöglichkeiten zu Kreditgeber/n (Rating)				

Eigene Anmerkungen:

- -

- -

79. IAS/IFSR/US-GAAP

Posten	HGB	IAS/IFRS	US-GAAP
Selbst geschaffene immaterielle Vermögenswerte (Anlagevermögen)	Aktivierungsverbot	Aktivierungsverbot. Aber: Aktivierungspflicht von Entwicklungen, wenn bestimmte Voraussetzungen erfüllt sind.	Aktivierungsverbot. Aber: Aktivierungspflicht, wenn bestimmte Voraussetzungen erfüllt sind (z.B. bei Software oder Werbung
Derivativer Geschäfts- oder Firmenwert im Konzernabschluss	Aktivierung. Pauschalabschreibung (4 Jahre) oder planmäßige Abschreibung (Nutzungsdauer) oder sofortige erfolgsneutrale Verrechnung mit Gewinnrücklagen	Aktivierungspflicht, planmäßige Abschreibung (Nutzungsdauer darf höchstens 20 Jahre betragen.)	Aktivierungspflicht, planmäßige Abschreibung (Nutzungsdauer darf höchstens 40 Jahre betragen. Nach einem neuen Vorschlag sollen höchstens 20 Jahre wie bei den IAS gelten.)
Positive und negative Finanz-Vermögenswerte	Bewertung zu Anschaffungskosten, Abschreibung möglich. Verbindlichkeiten zum Rückzahlungsbetrag. Realisationsprinzip: Erträge dürfen erst dann erfasst werden, wenn sie realisiert worden sind. Imparitätsprinzip: Nicht realisierte Verluste sind zu erfassen.	Finanz-Vermögenswerte, die zu kurzfristigen Handelszwecken gehalten werden (Held-for-Trading), oder Schulden sind erfolgswirksam mit dem Zeitwert zu bewerten. Finanz-Vermögenswerte, die verkauft werden können (Available-for-Sale), sind ebenfalls mit dem Zeitwert zu bewerten (erfolgswirksam oder erfolgsneutral). Finanz-Vermögenswerte, die gehalten werden, bis sie fällig sind (Held-to-Maturity), sind mit fortgeführten Anschaffungskosten anzusetzen.	Finanz-Vermögenswerte, die zu kurzfristigen Handelszwecken gehalten werden (Held-for-Trading), oder Schulden sind erfolgswirksam mit dem Zeitwert zu bewerten. Finanz-Vermögenswerte, die verkauft werden können (Available-for-Sale), sind auf Portfolio-Basis erfolgsneutral mit dem Zeitwert anzusetzen. Finanz-Vermögenswerte, die gehalten werden, bis sie fällig sind (Held-to-Maturity), sind mit fortgeführten Anschaffungskosten anzusetzen.

79. IAS/IFSR/US-GAAP *(Forts.)*

Posten	HGB	IAS/IFRS	US-GAAP
		Liegt der Zeitwert unter den Anschaffungskosten, muss abgeschrieben werden (erfolgswirksam). Schulden sind mit dem Barwert anzusetzen. Ausnahme: Trading-Schulden.	Liegt der Zeitwert unter den Anschaffungskosten, muss abgeschrieben werden (erfolgswirksam). Schulden sind mit ihrem Barwert anzusetzen.
Vorräte (langfristige Fertigungsaufträge)	Erfolgs-Realisierung, wenn Fertigungsauftrag beendet ist (Completed Contract Method)	Erfolgs-Realisierung nach dem Leistungsfortschritt (Percentage of Completion Method)	Erfolgs-Realisierung nach dem Leistungsfortschritt (Percentage of Completion Method)
Latente Steuern	Ansatzverbot auf nicht genutzte steuerliche Verlustvorträge Ansatz möglich, wenn es einen Zeitunterschied zwischen Handels- und Steuerbilanz-Ergebnis gibt	Ansatz, wenn die Wertansätze in Handels- und Steuerbilanz wegen einer Zeitdifferenz zwischen diesen beiden Bilanzen unterschiedlich ausfallen Ansatzpflicht für latente Steuern auf noch nicht genutzte steuerliche Verlustvorträge	Ansatz, wenn die Wertansätze in Handels- und Steuerbilanz wegen einer Zeitdifferenz zwischen diesen beiden Bilanzen unterschiedlich ausfallen Ansatzpflicht für latente Steuern auf noch nicht genutzte steuerliche Verlustvorträge
Pensionsrückstellungen	Bewertung mit dem Anwartschaftsdeckungsverfahren Bei der Abzinsung wird mit einem kalkulatorischen Zinsfuß von 3 – 6 % gerechnet.	Bewertung mit dem Anwartschaftsbarwertverfahren Bei der Abzinsung wird der langfristige Kapitalmarktzins zugrunde gelegt. Zukünftige Gehaltssteigerungen werden miteinbezogen.	Bewertung mit dem Anwartschaftsbarwertverfahren Bei der Abzinsung wird der langfristige Kapitalmarktzins zugrunde gelegt. Zukünftige Gehaltssteigerungen werden miteinbezogen.

79. IAS/IFSR/US-GAAP *(Forts.)*

Posten	HGB	IAS/IFRS	US-GAAP
Sonstige Rückstellungen	Teilweise Ansatzpflicht Teilweises Ansatzwahlrecht für Aufwandsrückstellungen Bewertung sonstiger Rückstellungen nach dem Vorsichtsprinzip	Ansatzverbot für Aufwandsrückstellungen Bewertung sonstiger Rückstellungen mit dem wahrscheinlichsten Wert oder mit dem Erwartungswert	Ansatzverbot für Aufwandsrückstellungen Bewertung sonstiger Rückstellungen mit dem wahrscheinlichsten Wert oder mit dem Erwartungswert

Eigene Anmerkungen:

80. Progressive (gewinnerhöhende) Bilanzierung

Das Kostensparpotenzial:

Wenn eine vorübergehende Talsohle durchschritten werden muss, sollten Sie den Bilanzerfolg dahingehend glätten, dass ein kontinuierlicher Erfolgsausweis erfolgt. Das stärkt das Vertrauen der Bilanzleser. Allerdings sollten Sie darauf achten, dass Sie die Grundsätze der Bilanzwahrheit und der Bilanzkontinuität nicht verletzen.

Ein konstanter Erfolgsausweis fördert auch Ihr „Standing" bei Kreditgebern und hilft damit, Ihre Kreditkonditionen stabil zu halten.

Bilanzierungsmaßnahme	muss	kann	soll nicht
Ingangsetzungsmaßnahmen aktivieren			
den Betrag für aktivierte Ingangsetzungsmaßnahmen erhöhen			
die Abschreibungsdauer für Ingangsetzungsmaßnahmen nicht unter vier Jahren ansetzen			
einen gekauften Geschäftswert nach § 255 Abs. 4 HGB aktivieren und ihn über einen langen Zeitraum abschreiben			
auf die Passivierung von Fehlbeträgen von Pensionsrückstellungen verzichten			
die Gemeinkosten bei den Herstellungskosten miteinbeziehen			
die Herstellungskosten an der steuerlichen Wertobergrenze ausrichten			
Fremdkapitalzinsen in die Herstellungskosten miteinbeziehen			
Sofortabschreibungen von geringwertigen Wirtschaftsgütern unterlassen			
die Bewertung wechseln, sodass das Jahresergebnis im Vergleich zur alten Bewertungsmethode positiv(er) dasteht			
im Vergleich zu den Vorjahren ungewöhnlich lange Nutzungsdauern bei der Abschreibung wählen			
zuschreiben			
Rückstellungen vermindern			

80. Progressive (gewinnerhöhende) Bilanzierung *(Forts.)*

Bilanzierungsmaßnahme	muss	kann	soll nicht
durch überoptimistische Betrachtungsweise es unterlassen, eigentlich gebotene Rückstellungen zu bilden			
stark erhöhte Erlöse aus Anlagenabgängen ausweisen und beispielsweise die Grundstücke oder Anlagen zurückleasen			
stark erhöhte Erlöse aus außerordentlichen Erträgen ausweisen			
bewegliche Wirtschaftsgüter des Anlagevermögens linear abschreiben			
plötzlich Entwicklungsergebnisse von Dritten (z.B. zuvor gegründeten Tochterfirmen, auf die die Forschung und Entwicklung ausgelagert wurde) kaufen und aktivieren			
Prototypen von Maschinen aktivieren und nicht sofort abschreiben			
Wertpapiere des Umlaufvermögens, bei dem das strenge Niederstwertprinzip gilt, umgliedern in Finanzanlagevermögen, bei dem nur das gemilderte Niederstwertprinzip gilt. So brauchen kursbedingte vorübergehende Wertminderungen nicht bilanziert zu werden.			
lineare statt degressiver Abschreibung wählen			
die Nutzungsdauer von abnutzbaren Wirtschaftsgütern des Anlagevermögens verlängern, indem z.B. eine mögliche Schicht-Nutzung unberücksichtigt bleibt			
Vorräte nach Durchschnitten statt nach der LIFO(last-in-first-out)-Methode bewerten			
an Tochtergesellschaften, die unterschiedliche Bilanzierungsstichtage haben, verkaufen, um so eine vorgezogene Gewinnrealisierung zu erreichen			
obwohl verboten, Vorfakturierungen vereinbaren und bilanzieren			
langfristige Aufträge vorzeitig fertig stellen, um eine vorzeitige Gewinnrealisierung zu erreichen			

80. Progressive (gewinnerhöhende) Bilanzierung *(Forts.)*

Bilanzierungsmaßnahme	muss	kann	soll nicht
langfristige Aufträge in „Häppchen" aufteilen, die periodenweise abgerechnet werden			
Bankkredite vor dem Bilanzstichtag vorzeitig zurückzahlen, um sie im neuen Geschäftsjahr wieder aufzunehmen			
Abschreibungen auf dubiose Forderungen durch Sicherheitsleistungen der Gläubiger verhindern			
vorhandene Pensionsverpflichtungen der Arbeitnehmer durch Direktversicherungen ersetzen			

Eigene Anmerkungen:

81. Konservative (gewinnmindernde) Bilanzierung

Das Kostensparpotenzial:

Wenn ein überraschender und wohl nur vorübergehender Gewinnanstieg erfolgt, sollten Sie den Bilanzerfolg dahingehend glätten, dass ein kontinuierlicher Erfolgsausweis erfolgt. Das stärkt das Vertrauen der Bilanzleser. Allerdings sollten Sie darauf achten, dass Sie die Grundsätze der Bilanzwahrheit und der Bilanzkontinuität nicht verletzen.

Ein konstanter Erfolgsausweis fördert auch Ihr „Standing" bei Kreditgebern und hilft damit, Ihre Kreditkonditionen stabil zu halten.

Bilanzierungsmaßnahme	muss	kann	soll nicht
Aufwandsrückstellungen ausweisen			
den bereits passivierten Betrag der Aufwandsrückstellungen erhöhen			
im Vermögen Gruppenbewertung vornehmen			
die LIFO(last-in-first-out)-Methode als fiktive Verbrauchsfolgemethode wählen			
das Vorratsvermögen nach Festwerten bewerten			
es aus steuerrechtlichen Gründen unterlassen mögliche Zuschreibungen zu bilanzieren			
darauf verzichten, die Gemeinkosten in die Herstellungskosten miteinzubeziehen			
die Herstellungskosten an den steuerlichen Wertuntergrenzen ansetzen			
die Herstellungskosten zu Einzelkosten ansetzen			
das Umlaufvermögen auf den „nahen Zukunftswert" abschreiben			
für die Pensionsrückstellungen einen Zinssatz wählen, der unter 6 % liegt			
steuerrechtliche Sonderabschreibungen in Anspruch nehmen – je höher in Prozent der Jahresabschreibungen, desto mehr Gewinn wird „versteckt"			

81. Konservative (gewinnmindernde) Bilanzierung *(Forts.)*

Bilanzierungsmaßnahme	muss	kann	soll nicht
sonstige Rückstellungen ohne Angabe von Gründen bilden			
Wertpapiere im Umlaufvermögen haben – je höher in Prozent der Jahresabschreibungen, desto mehr Gewinn wird „versteckt"			
flüssige Mittel im Umlaufvermögen haben – je höher in Prozent der Jahresabschreibungen, desto mehr Gewinn wird „versteckt"			
degressiv statt linear abschreiben			
möglicherweise aktivierungspflichtige Reparaturen in Grenzfällen als Erhaltungsaufwand behandeln			
Verrechnungspreise mit Tochtergesellschaften im Einkaufsgeschäft erhöhen			
Verrechnungspreise mit Tochtergesellschaften im Verkaufsgeschäft senken			
Gewinnrealisierungszeitpunkte – z.B. über die Verschaffung der Verfügungsgewalt – über den Bilanzstichtag hinausschieben			
Gewinnausschüttungszeitpunkte von Tochtergesellschaften verschieben			
Werbeaktionen und/oder Verkaufsfördermaßnahmen zeitlich vorziehen			

Eigene Anmerkungen:

82. Bilanzstatistik – Bilanzkennzahlen – Bilanzplanung

Urwerte		"Formel"	Statistik	Planung
a	Umsatz			
b	Material-kosten			
c	Fertigungslohn + Nebenkosten			
d	Provision			
e	Summe Direktkosten	b + c + d		
f	Deckungsbeitrag	a – e		
g	Fixkosten			
h	Gewinn GuV	f – g		

82. Bilanzstatistik – Bilanzkennzahlen – Bilanzplanung *(Forts.)*

Urwerte		„Formel"		Statistik		Planung	
i	Gewinn zinsbereinigt						
k							
l	Gesamt-kapital Ende						
m	Gesamt-kapital Mittel						
n	Eigen-kapital Ende						
o	Eigen-kapital Mittel						
p	Langfrist-schulden						

82. Bilanzstatistik – Bilanzkennzahlen – Bilanzplanung *(Forts.)*

Urwerte		„Formel"		Statistik		Planung	
q	Kurzfrist-schulden						
r	Rohbe-stände Ende						
s	Teilfertig-bestände						
t	Kunden-forderun-gen Ende						
u	Kunden-forderun-gen Mittel						
v	Zahlungs-mittel						
w	Umlauf-vermögen	f + s + t + v					

82. Bilanzstatistik – Bilanzkennzahlen – Bilanzplanung *(Forts.)*

Urwerte		„Formel"		Statistik		Planung	
x	Rohbe-stände Mittel						
y							
z	Anlage-vermögen Ende	1 – w					

Kennzahlen		„Formel"		Statistik		Planung	
01	Gesamt-kapital-rendite %	i : m					
02	Eigen-kapital-rendite %	h : o					
03	Liquidi-tätsgrad I %	(t + v) : q					
04	Liquidi-tätsgrad II %	w : q					

82. Bilanzstatistik – Bilanzkennzahlen – Bilanzplanung *(Forts.)*

Urwerte		„Formel"	Statistik	Planung
05	Zahlungsziel der Kunden (t)	12 x u : a		
06	Umschlag Gesamtkapital (x)	a : m		
07	Umschlag Rohbestände (x)	b : x		
08	Lagerdauer Rohbestände (t)	12 x x : b		
09				
10	Wirtschaftlichkeit %	i : a		
11	Deckungsgrad %	f : g		

82. Bilanzstatistik – Bilanzkennzahlen – Bilanzplanung *(Forts.)*

Urwerte		„Formel"		Statistik		Planung	
12	Material-kosten-quote %	b : a					
13	Lohnkos-tenquote %	c : a					
14							
15							
16	Eigen-finanzie-rungsgrad %	n : l					
17	Verschul-dungs-grad %	(p + q) : l					

Eigene Anmerkungen:

- -

- -

- -

- -

Steuererklärung intern oder extern

Das Kostensparpotenzial:

Am besten ist, Sie prüfen nach den folgenden Kriterien, ob für Sie im steuerlichen Bereich Ihrer Firma eine „Eigenfertigung" oder ein „Fremdbezug" kostengünstiger ist.

Scheren Sie dabei nicht alle Steuern und vorbereitenden Arbeiten über einen Kamm. Prüfen Sie also bei einzelnen Steuerarten speziell noch einmal nach diesem Raster. Vergessen Sie nicht, bei einer ins Auge gefassten Inhouse-Lösung mit den entsprechenden Mitarbeitern deren aktuellen Kenntnisstand und deren Bereitschaft, auch kompliziertere Erklärungen zu fertigen, vorher abzuklären.

83. Steuererklärung intern oder extern?				
	unabdingbar	wichtig	vernach-lässigbar	unwichtig
Einsparung von Fremdhonoraren				
Ausnutzung von ohnehin notwendigem Wissen in der Firma				
Reduzierung der Gefahr einer Kapazitätsüberlastung beim Berater zu bestimmten Zeiten				
Bessere Kontrolle und Gegensteuerungsmaßnahmen der Steuerzahlungen				
Besseres betriebsinternes Know-how bzw. langjährige Erfahrungen der eigenen Mitarbeiter				
Problem: Wahrung des Steuergeheimnisses				

83. Steuererklärung intern oder extern? *(Forts.)*

	unabdingbar	wichtig	vernach-lässigbar	unwichtig
Individuellere Gestaltung der Unterlagen nach betrieblichen Notwendigkeiten und Informationswünschen				
Zeitverlust durch Datentransport				
Vertretungsregelungen und notwendige Mehrausbildung bei Inhouse-Lösung				
Termintreue				
Mitarbeiter				
Berater				
Unabhängigkeit				
Weiterbildungskosten				
Steuerfachliteratur				
EDV-Programme				
Seminare				
Zusätzliche Investitionskosten (z.B. EDV-Hardware)				
Qualitätskontrolle				
Drohender Verlust des guten Kontakts zu Finanzamt				

Anlagenbuchhaltung
(in Anlehnung an S.O. Carlsen)

Das Kostensparpotenzial:

In der Buchhaltung müssen sämtliche Belege vollständig und ordnungsgemäß verbucht werden. Nur so haben Sie erstens aussagekräftige Zahlen und zweitens die Sicherheit, dass die nächste Betriebsprüfung kein „Streichkonzert" wird. Bedenken Sie, dass die Nutzung von steuerlichen Vorteilen oft an sehr strikte Formalien gekoppelt ist. Ihre Buchhaltung muss gewährleisten, dass diese Formalien eingehalten werden.

84. Kontrolle der Buchhaltung

Je mehr Fragen Sie mit „Nein" beantworten, desto größer ist Ihr Handlungsbedarf.

	ja	nein
Erhält die Buchhaltung von jedem genehmigten Neuanlagen-Kostenvoranschlag (bzw. von jeder Bestellung) eine Kopie, die ausreichend detailliert über die zu erwartenden Rechnungen Auskunft gibt?		
Überprüfen die zuständigen Mitarbeiter der Anlagenbuchhaltung regelmäßig die tatsächlich erhaltenen Rechnungen und Eigenleistungsnachweise auf Übereinstimmung mit den Neuanlagen-Kostenvoranschlägen, um noch ausstehende Belege bei den betreffenden Abteilungen zu reklamieren?		
Werden diese Reklamationsprozesse und ihre Klärung dokumentiert und vom Leiter der Anlagenbuchhaltung abgezeichnet?		
Wird in den Sachabteilungen dokumentiert, welche Belege an die Anlagenbuchhaltung weitergeleitet wurden?		
Wird die Dokumentation der Belegweitergabe regelmäßig an die Anlagenbuchhaltung weitergeleitet?		
Wird die Liste der weitergereichten Belege aus den Sachabteilungen regelmäßig in der Buchhaltung mit den tatsächlich erhaltenen Belegen abgestimmt?		
Bestehen ausreichende Kontrollen, um sicherzustellen, dass die Summe der Datensätze (Rechnungen und Eigenleistungsnachweise) auch zur Verarbeitung für die Anlagendatei angenommen wurden?		
Gibt es ausreichende Kontrollen, die die zweimalige Verarbeitung derselben Belege verhindern?		

84. Kontrolle der Buchhaltung *(Forts.)*

	ja	nein
Werden die Kontrollverfahren überwacht?		
Werden die Kontrollverfahren regelmäßig aktualisiert, z.B. nach neuen (Steuer-)Gesetzesvorschriften?		
Gibt es ausreichende Kontrollen, um sicherzustellen, dass die Datenfelder „Sach-Kontonummer" und „Wert" der erfassten Belege mit den Originalbelegen übereinstimmen?		
Wird die Einhaltung gesetzlicher Bestimmungen hinsichtlich der Behandlung bestimmter Aufwendungen für das Anlagevermögen gewährleistet?		
Sind ausreichende Kontrollen hinsichtlich der Zuordnung von angemessenen Nutzungszeiträumen und Abschreibungssätzen vorhanden?		
Ist sichergestellt, dass alle geringwertigen Wirtschaftsgüter als solche separat erfasst werden?		

Eigene Anmerkungen:

Kapitalkosten Anlagevermögen

Das Kostensparpotenzial:

Je weniger Kapital im Anlagevermögen gebunden ist, desto geringer sind die Kapitalkosten. Bei den Finanzanlagen spielen oft unternehmenspolitische Zielsetzungen und Überlegungen eine Rolle.

Das eigentliche Potenzial der Kostenersparnis steckt also in den Sachanlagen. Je mehr Sachanlagen, die nicht mehr betriebsnotwendig sind oder nur in geringem Umfang genutzt werden, ausgesondert und verkauft werden, desto mehr reduzieren sich die Abschreibungen, das benötigte Fremdkapital zur Finanzierung und natürlich auch die zu zahlenden Zinsen. Je geringer die Ausgaben für die Anschaffung betriebsnotwendiger Anlagegüter, je kürzer ihre Amotisationsdauer, desto geringer sind die Abschreibungen, das benötigte Fremdkapital zur Finanzierung und natürlich auch die zu zahlenden Zinsen.

85. Maßnahmen zur Senkung der Kapitalkosten im Anlagebereich

Der erste Schritt ist, dass Sie die Sachanlagen nach Gruppen sortieren und sie dann nach ihrem wirtschaftlichen Einsatz beurteilen:

Gruppierung der Sachanlagen nach

Nutzungsmerkmal	Restbuchwert	Zeitwert	Beurteilungsmerkmal
genutzt in:	ohne	ohne**⁾	wirtschaftlich
3 Schichten	unter	unter Buchwert	nicht wirtschaftlich
2 Schichten	20%*⁾	über Buchwert	störanfällig
1 Schicht	40%*⁾	10%	veraltet
weniger als	60%*⁾	20%	Fehlinvestition
5 Std./Tag	80%*⁾	30%	
ungenutzt		usw.	
Reserve			

*⁾ des Anschaffungs- oder Herstellungswerts
**⁾ unverkäuflich

85. Maßnahmen zur Senkung der Kapitalkosten im Anlagebereich *(Forts.)*

Erfassung des Anlagevermögens

	Anlagenbuchhaltung	Kostenstellenleiter
Kostenstellen-Nr.		
Inventar-Nr.		
Benennung des Objekts		
Anschaffungs-/Herstellungsjahr		
Anschaffungs-/Herstellungswert im Jahr der Aktivierung		
Jährliche Abschreibung		
Restbuchwert		
Nutzung in Schichten (1, 2, 3)		
Nutzung in Stunden je Arbeitstag		
Nutzung in Stunden im Monat		
Ungenutzt		
Reserve		
Zeitwert		
Wirtschaftliche Beurteilung		

Eigene Anmerkungen:

Kapitalkosten Umlaufvermögen

Das Kostensparpotenzial:

Skonti, die selbst genutzt werden können, sind „leicht verdientes" Geld, für das sich sogar oft eine kurzfristige Verschuldung lohnt, wenn der durch den Skonto zu erzielende Jahreszinssatz unter dem aktuellen Kreditzinssatz liegt.

Umgekehrt aber führen eingeräumte Skonti, die Anreiz zur schnelleren Bezahlung der gelieferten Waren oder Produkte sein sollen, nicht dazu, dass Ihre Kapitalkosten im Umlaufvermögen gemindert werden. Hier müssen Sie also konkret rechnen, ob sich das Einräumen von Skonti für Ihr Unternehmen lohnt.

Ein Beispiel, wie Sie rechnen sollten: Der Satz „zahlbar in 30 Tagen ohne jeden Abzug" entspricht einem Lieferantenkredit für eben diese 30 Tage. Wird Ihnen bei Zahlung innerhalb von 10 Tagen ein Skonto von 3% eingeräumt, entspricht dies einem Jahreszinssatz von 54%, den Sie „verschenken", wenn Sie den Skonto nicht nutzen.

Die Formel: Jahreszins = 360 x Skontosatz : Unterschied zwischen Ziel und Zahlungstermin

Im Beispiel: 54% = 360 x 3% : (30 – 10)

86. Jahresbezogener Zinssatz des Skonto-Abzugs

Skonto-Satz	Frist	Jahres-zins	Skonto-Satz	Frist	Jahres-zins	Skonto-Satz	Frist	Jahres-zins
0,5%	Kasse	6%	0,5%	Kasse	3%	0,5%	10 Tage	2,25%
0,5%	8 Tage	8,18%	0,5%	10 Tage	3,6%	0,5%	30 Tage	3%
0,5%	10 Tage	9%	0,5%	30 Tage	6%	0,5%	60 Tage	6%
1%	Kasse	12%	1%	Kasse	6%	1%	10 Tage	4,5%
1%	8 Tage	12%	1%	10 Tage	6%	1%	30 Tage	4,5%
1%	10 Tage	18%	1%	30 Tage	12%	1%	60 Tage	12%
2%	Kasse	24%	2%	Kasse	12%	2%	10 Tage	9%
2%	8 Tage	32,72%	2%	10 Tage	14,4%	2%	30 Tage	12%
2%	10 Tage	36%	2%	30 Tage	24%	2%	60 Tage	24%
3%	Kasse	36%	3%	Kasse	18%	3%	10 Tage	13,5%
3%	8 Tage	49,09%	3%	10 Tage	21,6%	3%	30 Tage	18%
3%	10 Tage	54%	3%	30 Tage	36%	3%	60 Tage	36%
4%	Kasse	48%	4%	Kasse	24%	4%	10 Tage	18%
4%	8 Tage	65,45%	4%	10 Tage	28,8%	4%	30 Tage	24%
4%	10 Tage	72%	4%	30 Tage	48%	4%	60 Tage	48%
5%	Kasse	70%	5%	Kasse	30%	5%	10 Tage	22,5%
5%	8 Tage	81,91%	5%	10 Tage	36%	5%	30 Tage	30%
5%	10 Tage	90%	5%	30 Tage	60%	5%	60 Tage	60%

VII.

Personalwesen

Sinnvolles Kostensenken im Personalwesen

Ohne Personal ginge es den Unternehmen besser. Diese Behauptung stimmt so lange, wie der in den Personalbereich investierte Aufwand den dort produzierten Ertrag übersteigt.

Entscheidend für sinnvolle Kostensenkung sind Auswahl, Einsatz, Entwicklung und Motivation des Personals. Die Verbesserung der zwischenmenschlichen Beziehungen durch eine Atmosphäre, in der Selbst- und Mitbestimmung gefördert werden, erhöht die Zufriedenheit, Motivation und somit auch die Arbeitsleistung.

Um dieses Ziel zu erreichen, bedarf es einer Personalplanung, die Kostensparen im Personalwesen als eine qualitative Herausforderung versteht und den Menschen mit seinen Bedürfnissen berücksichtigt.

Die nachstehenden Checklisten helfen, die Mitarbeiter/innen zu Unternehmern werden zu lassen.

87. Personalplanung

1. **Zielgruppe der Planung bestimmen**

   Wer ist in die Planung einbezogen?
   - ❏ Mitarbeitergruppen
   - ❏ Organisationseinheiten (Verwaltung, Produktion)
   - ❏ Gesamtes Unternehmen

2. **Personalbestand feststellen**

   Wie sind die Qualifikation und die personelle Besetzung der Stellen im Moment?
   - ❏ Stellenbeschreibung
   - ❏ Stellenplan
   - ❏ Stellenbesetzungsplan

3. **Strukturelle Daten sammeln**

   Wie setzen sich bestimmte Strukturen zusammen?
   - ❏ Lohn- und Gehaltsstruktur
   - ❏ Belegschaftsstruktur (Alter, Qualifikation, Fluktuation)
   - ❏ Arbeitszeitstruktur (Fehlzeiten, Urlaub, Arbeitszeit)

4. **Personalbedarf planen**

   Wie viele Mitarbeiter/innen mit welcher Qualifikation werden wann und wo benötigt?
   - ❏ Künftigen Ist-Bestand ermitteln (Abgänge und Zugänge planen bzw. schätzen)
   - ❏ Soll-Personalbedarf analysieren (Reservebedarf für Fehlzeiten, Urlaub und Qualifizierung berücksichtigen)

87. Personalplanung *(Forts.)*

- ❏ Differenzbedarf feststellen (Differenz zwischen künftigem Personalstand und Soll-Personalbedarf quantitativ berechnen und qualitativ bestimmen)

5. **Personalbeschaffung bzw. Personalreduzierung planen**

   Wie können die notwendigen Mitarbeiter/innen beschafft werden?
   - ❏ Interne Personalbeschaffung
     - Mitarbeiterbeurteilung
     - Gezielte Personalentwicklung
     - Assessment Center
   - ❏ Externe Personalbeschaffung
     - Stellenanzeige
     - Vorstellungsgespräch
     - Assessment Center

   Welche Maßnahmen müssen ergriffen werden, damit das Personalvolumen an die Absatz- und Produktionssituation des Unternehmens angepasst wird?
   - ❏ Arbeitszeitvolumen reduzieren
   - ❏ Outsourcing durchführen
   - ❏ Kündigungen aussprechen

6. **Personaleinsatz planen**

   Wie kann die Zuordnung von Personal und Arbeitsplatz optimal vonstatten gehen?
   - ❏ Anforderungsprofil erstellen
   - ❏ Eignungsprofil abgleichen
   - ❏ Abstimmung mit dem jeweiligen Mitarbeiter

7. **Personalentwicklung planen**

   Wie muss das Personal qualifiziert werden, um den Anforderungen der jeweiligen Stelle gerecht zu werden?
   - ❏ Ist-Qualifikation der Mitarbeiter/innen erfassen
   - ❏ Qualitativen/quantitativen Soll-Bedarf ermitteln
   - ❏ Planung und Vorbereitung von Weiterbildungsmaßnahmen

8. **Personalkosten planen**

   Wie hoch sind die voraussichtlichen Kosten in den verschiedenen Bereichen des Personalwesens?
   - ❏ Vergütung: Gehälter, variable Vergütungen
   - ❏ Personalbeschaffung: Stellenanzeigen, Auswahlgespräche
   - ❏ Personalentwicklung: Weiterbildung, Lehrmaterial
   - ❏ Personalinformation: Betriebszeitung, Intranet
   - ❏ Verwaltung: Arbeitsmittel, Gemeinkosten
   - ❏ Personalreduzierung: Abfindungen, Outplacement

88. Stellen- und Stellenbesetzungsplan

Der Stellenplan informiert über die Anzahl, die Einordnung und die Anforderungen der einzelnen Stellen. Zusätzlich ordnet der Stellenbesetzungsplan die Mitarbeiter den Stellen namentlich zu. Diese Pläne helfen unter anderem, Vertretungsfragen unkompliziert zu regeln und Doppelarbeiten zu vermeiden. Die Personaleinsatzplanung wird dadurch erleichtert.

Beispiel

Bereich:

Abteilung:

Stellenbezeichnung	Stellen-nummer	Qualifikation	Stellen-bewertung	Stelleninhaber
Gruppenleiter	42301			
Hauptsachbearbeiter	42401			
Sachbearbeiter 1	42501			
Sachbearbeiter 2	42502			
Sachbearbeiter 3	42503			
Sekretärin 1	42601			
Sekretärin 2	42602			

Bedeutung der Ziffern bei den Stellennummern

1. Ziffer = Unternehmensbereich

2. Ziffer = Arbeitsgruppe

3. Ziffer = Hierarchiestufe

4./5. Ziffer = laufende Nummer

Der Plan ist um jegliche Ihnen nützliche Information erweiterbar. Sie können z.B. in die Zukunft planen und dabei schon jetzt absehbare Veränderungen, wie Versetzungen, Umbewertungen oder Pensionierungen, berücksichtigen.

89. Stellenbeschreibung

Stellenbeschreibungen dienen der organisatorischen Einordnung der Stelle sowie der Beschreibung der Tätigkeiten und Leistungsanforderungen des Stelleninhabers.

Eine qualifizierte Stellenbeschreibung wirkt kostensparend, weil sie

- Grundlage für Stellenausschreibungen ist
- Voraussetzung für differenzierte Stellenplanung ist
- eignungsgerechte Einsatzplanung ermöglicht
- das Einarbeiten neuer Mitarbeiter erleichtert
- Nachwuchskräften eine Perspektive für Aufstiegsmöglichkeiten und Anforderungen bieten kann

Mangelhafte oder fehlende Stellenbeschreibungen führen zu

- Reibungsverlusten aufgrund unklarer Arbeitsaufteilung und/oder ungleicher Arbeitsverteilung
- Ablauffehlern wegen fehlender oder falscher Information
- Motivationsverlust wegen Unter- bzw. Überforderung
- strukturell fehlerhaftem Personaleinsatz

Eine Stellenbeschreibung sollte folgende Punkte beinhalten:

- Stellenkennzeichnung
    - Stellenbezeichnung
    - Personalnummer und Kostenstelle
    - Abteilung
    - Name des Stelleninhabers
    - Hierarchieebene und Gehaltsgruppe

- Organisatorische Einordnung
    - Direkter Vorgesetzter (mit Stellenbezeichnung)
    - Weitere Personen mit fachlicher Weisungsbefugnis (mit Stellenbezeichnung)
    - Direkt unterstellte Mitarbeiter (mit Stellenbezeichnung)
    - Weitere Personen, für die Weisungsbefugnis besteht (mit Stellenbezeichnung)
    - Stellvertreter des Stelleninhabers
    - Vom Stelleninhaber vertretene Stellen
    - Spezielle Befugnisse und Vollmachten des Stelleninhabers

- Informationsbeziehungen
    - Stellen, denen der Stelleninhaber berichtspflichtig ist und umgekehrt
    - Konferenzen oder Besprechungen
    - Zusammenarbeit in Projekten

89. Stellenbeschreibung *(Forts.)*

- ❏ Aufgabe
  - Zielsetzung und Funktion der Stelle
  - Tätigkeitsbeschreibung mit Kennzeichnung der Priorität und der Auftrittshäufigkeit der einzelnen Tätigkeitselemente
  - Richtlinien, Vorschriften
  - Beitrag dieser Stelle zum Gelingen des Produkts/der Dienstleistung

- ❏ Qualifikation
  - Fachliche Kenntnisse und Erfahrungen
  - Persönliche Fähigkeiten
  - Geplante Weiterbildungsgänge
  - Softskills

Eigene Anmerkungen:

90. Anforderungsprofil

Sichten Sie anhand der jeweiligen Stellenbeschreibung die spezifischen Anforderungsarten der Stelle. Die Gewichtung der Anforderungsarten nehmen Sie vor, indem Sie mit Hilfe von Bewertungsstufen Punkte vergeben. Anschließend verbinden Sie diese Punkte miteinander, sodass ein Anforderungsprofil entsteht (s.u.). Bewerber werden in Testverfahren auf die Anforderungen hin geprüft. Für jeden Bewerber liegt dann ein Eignungsprofil vor, welches mit dem Anforderungsprofil verglichen werden kann.

Das folgende Beispiel zeigt eine breite Palette möglicher Anforderungen:

Anforderungsprofil für Stelle				
Bewertungsstufen / Anforderungen	-1- unverzichtbar	-2- sehr wichtig	-3- wichtig	-4- weniger wichtig
Teil 1				
Alter und Geschlecht				•
Schulbildung			•	
Berufsausbildung und -erfahrung		•		
EDV-Kenntnisse		•		
Fremdsprachenkenntnisse				•
Weitere Spezialkenntnisse		•		
Körperliche Konstitution			•	
Gehaltsbereich		•		
Teil 2				
Analytisches Denken		•		
Auftreten			•	
Belastbarkeit			•	
Delegationsfähigkeit		•		
Durchsetzungsvermögen	•			

90. Anforderungsprofil *(Forts.)*

Bewertungsstufen Anforderungen	-1- unverzicht-bar	-2- sehr wichtig	-3- wichtig	-4- weniger wichtig
Entschlusskraft	•			
Flexibilität		•		
Konfliktfähigkeit		•		
Kreativität		•		
Kritikfähigkeit	•			
Lernbereitschaft	•			
Motivation		•		
Planerische Fähigkeiten			•	
Teamorientierung	•			
Unternehmerisches Verhalten		•		
Verhandlungsgeschick				•
Verlässlichkeit		•		
Zielorientierung		•		

Eigene Anmerkungen:

----

91. Personalbeurteilung

Ziel der Personalbeurteilung ist die genaue Erfassung des beruflichen Verhaltens, der Leistung und der sozialen Kompetenz. Die Ergebnisse der Personalbeurteilung können als systematische Grundlage für viele wichtige Entscheidungen im Personalwesen dienen.

Entscheidungshilfe bei

- ❏ Gehalts- und Lohndifferenzierung
- ❏ Maßnahmen der betrieblichen Weiterbildung
    - Erfolgskontrolle
    - Auswahl der Teilnehmer
    - Bildungsbedarf und -bedürfnisse
- ❏ Auswahl für Personaleinsatz (Beförderung, Versetzung, Entlassung)
- ❏ Beratung von Mitarbeitern

Ziele

- ❏ Verbesserung der Kommunikation zwischen Vorgesetztem und Mitarbeiter
- ❏ Nutzung des vorhandenen Potenzials
- ❏ Steigerung der Leistung der Mitarbeiter
- ❏ Erzielen vergleichbarer Ergebnisse
- ❏ Schutz des Mitarbeiters vor willkürlichen disziplinären Maßnahmen

Auswahl der zu bewertenden Anforderungen und Beurteilungskategorien anhand

- ❏ Der Stellenbeschreibung
- ❏ Des Anforderungsprofils
- ❏ Der quantitativen Leistungsziele
- ❏ Der Arbeitsbeschreibung (Aufgabenkatalog, Arbeitsanweisung, Einstufungskatalog ...)

Rechtliche Regelungen
(geregelt v.a. im Betriebsverfassungsgesetz von 1972 / 2. und 5. Abschnitt: u.a.)

- ❏ § 82 BetrVG Anhörung und Erörterungsrecht
  Recht auf Erläuterung der Leistungsbeurteilung, der Möglichkeiten der beruflichen Entwicklung, der Zusammensetzung des Arbeitsentgelts

- ❏ § 94 BetrVG Mitbestimmungsrecht des Betriebsrats
  Betriebsrat muss der Einführung eines Beurteilungsverfahrens und den dabei angewandten Beurteilungsgrundsätzen zustimmen.

91. Personalbeurteilung *(Forts.)*

Häufigkeit

- ❏ Regelmäßige Beurteilungen im Halbjahres- oder Jahresrhythmus sind sinnvoll
- ❏ Abhängig vom Auftreten bestimmter Anlässe, z.B.
  - Ablauf der Probezeit
  - Besondere Fördermaßnahmen
  - Job-Rotation

Formen

- ❏ Leistungsbeurteilung
  - Beurteilung der bisher erbrachten Leistung
  - Dient der Lohn- und Gehaltsdifferenzierung

- ❏ Potenzialbeurteilung
  - Zukunftsorientierte Feststellung von Eignung
  - Meist zur Auswahl von Führungskräften und externen Bewerbern

Beurteilungsverfahren

- ❏ Selbstbeurteilung
- ❏ Mitarbeiterbeurteilung durch Vorgesetzte
- ❏ Beurteilung des Vorgesetzten
- ❏ Beurteilung durch Mitarbeiter, Kollegen, Kunden, Lieferanten
- ❏ Assessment Center

Beurteilungsmethoden

- ❏ Methode der kritischen Ereignisse
- ❏ Polaritätsprofil
- ❏ Rangordnungsverfahren
- ❏ Skalenverfahren
- ❏ Vorgabevergleichsverfahren per Zielerreichungsgrad

Den objektiven Beurteiler gibt es nicht. Deshalb ist es notwendig, die vorhandenen Fehlerquellen, wie z.B. den Halo-Effekt (Beschreibung für eine subjektiv verfälschte Wahrnehmung bei der Persönlichkeitsbewertung), möglichst auszugleichen. Letztlich sollten sich Beurteiler und Beurteilte bewusst sein, dass es sich hier um Verfahren handelt, die u.a. zu subjektiven Verzerrungen führen. Um die Akzeptanz des Verfahrens bei den Mitarbeitern zu erhöhen, sollte eine möglichst vielschichtig besetzte Gruppe von Mitarbeitern an der Entwicklung und Einführung beteiligt sein.

92. Ablauf Leistungsbeurteilung

1. **Vorbereitung**

   - ❏ Kriterien benennen
   - ❏ An Entwicklung des Verfahrens beteiligte Mitarbeitergruppe zusammenstellen
   - ❏ Verfahren auswählen
   - ❏ Zu bewertende Anforderungen und Beurteilungskategorien festlegen
   - ❏ Rechtliche Fragen klären (BetrVG, 2. und 5. Abschnitt)

2. **Beurteilungsbogen erstellen**

   - ❏ Persönliche Daten
   - ❏ Anforderungen und Beurteilungskategorien tabellarisch auflisten
   - ❏ Allgemeine Zusatzfragen notieren
   - ❏ Datum und Unterschrift

3. **Bewertung anhand des Beurteilungsbogens vornehmen**

   - ❏ Mitarbeiter führt gesprächsvorbereitende Selbstbeurteilung durch.
   - ❏ Unmittelbarer Vorgesetzter beurteilt den Mitarbeiter.

4. **Beurteilungsgespräch führen**

   - ❏ Regeln der Gesprächsführung beachten
     - Offene Fragen stellen
     - Nicht Person, sondern Verhalten bzw. Leistung beurteilen
     - Beziehungsebene einfühlsam ansprechen, Sachebene suchen
     - Immer konkrete Beispiele zur Erklärung der Beurteilung benennen
     - Rechtfertigungen der Mitarbeiter zulassen und als Erklärung deuten
   - ❏ Mitarbeiter eigene Leistung einschätzen lassen
   - ❏ Ausführliches, präzises Feedback geben
   - ❏ Gemeinsam Ursachen klären und Perspektiven entwickeln
   - ❏ Weiteres Vorgehen abstimmen
     - Neue Zielvorgaben
     - Förderprogramme
     - Beförderung, Versetzung, Leistungszulagen
   - ❏ Unterschrift des Mitarbeiters als Zustimmung zur Beurteilung einholen

93. Analyse der Bewerbungsunterlagen

Jedes Auswahlverfahren verursacht erhebliche Kosten in Höhe des 0,2- bis über 2-fachen Jahresgehalts der Position. Deshalb sollten Sie bereits die Bewerbungsunterlagen sorgfältig analysieren, um schon an dieser Stelle weniger geeignete Bewerber zu selektieren.

1. **Bewerbungsanschreiben**

    - ❏ Form des Anschreibens
        - Korrektes, ansprechendes Layout
        - Maximal anderthalb Seiten
        - Fehlerfreie Rechtschreibung, Grammatik und Interpunktion
        - Namentliche Anrede

    - ❏ Stil
        - Kurze Sätze
        - Aktive Verben und lebendige Adjektive
        - Positive Formulierungen

    - ❏ Ziele und Gründe der Bewerbung
        - Standardbrief oder Auseinandersetzung mit zukünftiger Tätigkeit

    - ❏ Fachliche Qualifikationen
        - In Bezug auf das geforderte Profil der Stelle
        - Außergewöhnliche Leistungen

    - ❏ Berufserfahrung
    - ❏ Außerberufliche Interessen und überfachliche Qualifikationen
    - ❏ Möglicher Eintrittstermin
    - ❏ Gehaltsvorstellungen
    - ❏ Anlagen
        - Nummerierung der Aktualität folgend
        - Saubere Kopien

2. **Lebenslauf**

    - ❏ Gliederung
        - Anschrift/Telefon/Fax
        - Persönliche Daten
        - Ausbildung/Bildungsweg
        - Berufspraxis
        - Zusatzqualifikationen
        - Sprachkenntnisse
        - Interessen/Aktivitäten
        - Evtl. Datum und Unterschrift

93. Analyse der Bewerbungsunterlagen *(Forts.)*

- ❏ Form
    - Tabellarisch und maschinengeschrieben als Standard
    - Handschriftlich nur bei Aufforderung

- ❏ Inhaltliche Fragen
    - Lückenlose, aufsteigende Entwicklung in Richtung angestrebter Position
    - Angaben decken sich mit Zeugnissen/sonstigen Belegen
    - Dauer und Inhalte der Beschäftigungsverhältnisse
    - Gründe für Nichtbeschäftigung
    - Transparenz des Werdegangs

3. Lichtbild

- ❏ Art
    - farbig/schwarz-weiß und Größe
    - Fotograf/Automat
    - Aktualität

- ❏ Optischer Gesamteindruck
    - Korrekte Kleidung
    - Gepflegtes Äußeres

4. Zeugnisse

- ❏ Vollständigkeit
    - Relevante Zeugnisse vorhanden
    - Erklärung für fehlendes Zeugnis

- ❏ Ausbildungsdauer und -inhalte bzw. vorheriger Arbeitgeber und Arbeitsschwerpunkte
    - Beurteilung der Leistung
    - Beurteilung der Führung (bei Führungskräften)
    - Gründe für den Wechsel

Eigene Anmerkungen:

94. Bewerbungsgespräch

1. **Vorbereitung**
   - ❏ Anforderungsprofil erarbeiten
   - ❏ Mit den Qualifikationen des Bewerbers abgleichen (anhand der schriftlichen Unterlagen)
   - ❏ Gesprächsplan entwerfen
   - ❏ Auf einen partnerschaftlichen Interviewstil einstimmen (wertschätzende Gesprächsatmosphäre)
   - ❏ Mögliche Störungen im Vorfeld abstellen

2. **Interview**
   - ❏ Offene Fragen stellen (W-Fragen: Was? Wie? Welche?)
   - ❏ Zuhören (80% Zuhören, 20% Reden)
   - ❏ Bewerber über Unternehmen und Stelle informieren
   - ❏ Rechtliche Spielregeln beachten
   - ❏ Relevantes notieren

3. **Auswahlentscheidung**
   - ❏ Anforderungsprofil als Grundlage nehmen
     - Qualifikation mit Anforderung abgleichen
     - Eindruck aus dem Interview
     - Ergebnisse aus den Testverfahren
   - ❏ Objektivität sicherstellen
     - Alle Bewerber nach gleichen, sachbezogenen Kriterien beurteilen
     - Verhalten, Aussagen und äußeres Erscheinungsbild gesamthaft beachten
   - ❏ Beurteilung verifizieren
     - Referenzen, Zeugnisse überprüfen, Urteil anderer Interviewer zum Vergleich heranziehen
   - ❏ Auswertungstabelle erstellen (Anforderungen, Namen der Bewerber, Bewertung anhand einer Skala, Gewichtung Gesamtpunktzahl)

Eigene Anmerkungen:

95. Integration neuer Mitarbeiter

1. **Vorbereitung**

    ❏ Fachbereich über die Ankunft informieren
    - Wer ist der neue Mitarbeiter?
    - In welchem Bereich soll er arbeiten?
    - Was werden seine Aufgaben sein?
    - Arbeitsbeginn und Einarbeitungszeit vormerken

    ❏ Einarbeitungsplan erstellen

    ❏ Neuen Mitarbeiter um folgende Unterlagen bitten
    - Lohnsteuerkarte
    - Versicherungsnachweis
    - Krankenkassennachweis
    - Bankverbindung
    - Ausweis oder Rentenbescheid (Schwerbehinderte)
    - Kopie des Rentenbescheids (Rentenempfänger)
    - Ärztliche Bescheinigung (Jugendliche unter 18 Jahren)
    - Arbeitserlaubnis (Nicht-EU-Ausländer)
    - Evtl. Arbeitskleidung

    ❏ Arbeitsplatz vorbereiten

    ❏ Starthelfer bestellen

2. **Einarbeitung**

    ❏ Neuen Mitarbeiter empfangen und willkommen heißen

    ❏ Über Formalien informieren
    - Organigramm (Überblick über Unternehmen)
    - Arbeitszeit
    - Urlaubsregelung
    - Krankmeldung
    - Gehalt
    - Weiterbildungsmöglichkeiten
    - Aufstiegschancen
    - Spesen und Reisekostenabrechnung
    - Unfallverhütungsschutz
    - Gesundheitsschutz
    - Betriebliche Altersversorgung
    - Sozialleistungen
    - Betriebsrat
    - Weitere Richtlinien

95. Integration neuer Mitarbeiter *(Forts.)*

❏ Die folgenden Unterlagen mitgeben
  – Begrüßungsschreiben
  – Betriebsausweis
  – Arbeitsordnung
  – Einstellungsbroschüre
  – Führungsleitlinien
  – Unfallverhütungsvorschriften
  – Richtlinien zur Altersversorgung
  – Sonstiges

❏ Über Verhaltensregeln informieren
  – Umgangsregeln (Grüßen, Anrede usw.)
  – Pausengestaltung (Kaffeekochen, Essen usw.)
  – Spielregeln (Verhalten im Team, gemeinsame Feiern, Rauchen usw.)
  – Vertretungsregelungen

❏ In die Aufgaben einführen
  – Mit den Arbeitskollegen bekannt machen
  – Aufgaben und Vollmachten erklären
  – Am Arbeitsplatz einweisen (Arbeitsgeräte, Formulare, Unterlagen usw.)
  – Notwendiges Arbeitsmaterial, Arbeitsgeräte aushändigen
  – Mit leichter Einführungsarbeit beginnen lassen

❏ Über das Umfeld informieren
  – Zeiterfassungssystem erläutern
  – Kantine, Aufenthaltsräume, Umkleideräume, Erste-Hilfe-Räume, Toiletten zeigen
  – Interne Informationssysteme erklären
  – Auf Freizeitgestaltungsmöglichkeiten hinweisen
  – Mit dem Betriebsrat bekannt machen

Eigene Anmerkungen:

96. Ergonomische Arbeitsgestaltung

Ein bestmögliches Arbeitsergebnis setzt optimale ergonomische Arbeitsbedingungen voraus. Eine an den Menschen angepasste Arbeitsgestaltung erhöht die Konzentration und Leistungsfähigkeit. Die ergonomische Gestaltung bezieht sich auf:

Arbeitsplatz

- ❏ Bewegungsfläche mind. 1,5 m²/Beschäftigter und an keiner Stelle weniger als 1 m breit
- ❏ Mindestfläche 8 m², Höhe des Arbeitsraums 2,5 m
- ❏ Mindestluftraum:
  - 12 m³ bei überwiegend sitzender Tätigkeit
  - 15 m³ bei überwiegend nicht sitzender Tätigkeit
  - 18 m³ bei schwerer körperlicher Arbeit
- ❏ Raumordnung muss sozialen Kontakt ermöglichen
- ❏ Wechsel zwischen Gehen, Stehen und Sitzen zulassen

Büromöbel

- ❏ Bürostuhl
  - Flexible, synchron schwingende Rückenlehne
  - Armlehnen
  - Höhenverstellbar
  - Dreh- und rollbar
- ❏ Bürotisch
  - Leicht gekippt (30°-Winkel optimal)
  - Breite > 100 cm
  - Tiefe > 70 cm
  - Höhe > 70 cm, möglichst höhenverstellbar

Bildschirmgeräte

- ❏ Spiegelungen und zu hohen Kontrast verhindern
  - Bildschirm parallel zur Fensterfront aufstellen
  - Allgemeinbeleuchtung und Einzelplatzbeleuchtung gewährleisten
- ❏ Bildschirmgröße mind. 15 Zoll
- ❏ Kopf schaut geradeaus, Blickrichtung leicht nach unten.
  - Bildschirm steht geradeaus, etwas nach oben gekippt.
  - Abstand des Auges zur Tastatur, zum Skript, zum Bildschirm etwa gleich (zwischen 45 und 90 cm)

96. Ergonomische Arbeitsgestaltung *(Forts.)*

- ❏ Dunkle Zeichen auf hellem Grund
- ❏ Häufige kurze Pausen einräumen (z.B. zur Entlastung der Augen)

Arbeitsmittel

- ❏ Körperlichen Haltungswechsel ermöglichen
- ❏ Maximalen Greifraum für Hände einhalten
- ❏ Optimalen Einsatz der Körperkraft gewährleisten
  - Ergonomisch gestaltete Griffe
  - Rutschfeste Greifflächen

Beleuchtung

- ❏ Beleuchtungsstärke richtet sich nach Art der Tätigkeit z.B.
  - Lagerräume mit Leseaufgaben: 200 Lux
  - Büroräume, EDV-Räume: 500 Lux
  - Feinstmontage: >1000 Lux
- ❏ Regelmäßige Wartung der Beleuchtungsanlage
- ❏ Tageslicht oder Vollspektrumlampen

Farbgebung

- ❏ Ruhige, helle Farben für Wände und Decken
- ❏ Andere Farbgebung für Pausenräume
- ❏ Kennfarben für verschiedene Abteilungen
- ❏ Farbplan für Unternehmen aufstellen für spätere Neuanstriche

Klima

- ❏ Raumluftqualität sollte Außenluftqualität entsprechen (durch freie Lüftung oder lüftungstechnische Anlagen).
- ❏ Lufttemperatur unter 26°C halten
  - Büroräume: 20°C
  - Überwiegend nicht sitzende Tätigkeit: 17°C
  - Schwere körperliche Arbeit: 12°C
- ❏ Relative Luftfeuchtigkeit zwischen 30% und 80%
- ❏ Gegen Temperaturstrahlung von Heizkörpern abschirmen
- ❏ Zug vermeiden

Lärmgrenzwerte

- ❏ Für überwiegend geistige Tätigkeit: 55 dB (A)
- ❏ Für überwiegend mechanisierte Tätigkeiten: 70 dB (A)
- ❏ Ab 90 dB (A) sind Gehörschutzmittel Pflicht!

97. Unfallverhütung

Ausreichende Sicherheitsvorkehrungen helfen, Arbeitsunfälle und damit auch Kosten verursachende Arbeitsausfälle zu vermeiden. Jedes Unternehmen ist zwangsläufig Mitglied einer Berufsgenossenschaft, die gerne berät und zahlreiche Broschüren zur Unfallverhütung bereithält.

Arbeitsplatzgestaltung

- ❏ Personenmeldesystem, Rufanlage, Signalanlage, regelmäßige Kontrollen (wenn Mitarbeiter allein in einem Raum arbeitet)
- ❏ Stolperstellen beseitigen (z.B. Stufen, Kabel, Leitungen)
- ❏ Scharfe Kanten vermeiden, um Stoßverletzungen zu verhindern

Arbeitsmittel

- ❏ Müssen Arbeitsschutz und Unfallverhütungsvorschriften erfüllen (Geprüfte-Sicherheit(GS)-Zeichen)
- ❏ Sicherheitsabstand zu Gefahrenstellen und Verkehrswegen einhalten

Elektrische Anlagen

- ❏ Arbeitsschutz- und Unfallverhütungsvorschriften einhalten
- ❏ Überprüfung des ordnungsgemäßen Zustands
  - alle 4 Jahre bei ortsfesten Anlagen
  - alle 6 Monate bei beweglichen Geräten, sofern sie in Benutzung sind
- ❏ Sicherheitsabstand zu Gefahrenstellen und Verkehrswegen einhalten

Bildschirmgeräte

- ❏ Augen der Beschäftigten vor Aufnahme der Bildschirmtätigkeit überprüfen lassen
- ❏ Alle 5 Jahre, ab dem 45. Lebensjahr alle 3 Jahre, ärztlich nachprüfen lassen

Arbeitsmaterialien

- ❏ Zumutbare Lasten (nach den Empfehlungen des Bundesarbeitsministeriums) nicht überschreiten
- ❏ Sichere Leitern oder Tritte für höher gelegene Arbeitsmaterialien zur Verfügung stellen

Gefährliche Stoffe

- ❏ Kennzeichnungen und Sicherheitsratschläge auf Verpackungen beachten
- ❏ Betriebsanweisung mit notwendigen Verhaltensregeln erstellen (in allen Sprachen)
- ❏ Gefahrstoff-Datenblätter vom Hersteller anfordern
- ❏ Vorgeschriebene Vorsorgeuntersuchungen durchführen

97. Unfallverhütung *(Forts.)*

Raumgestaltung

- ❏ Rutschfeste, saubere Böden
- ❏ Bruchsichere oder abgeschirmte Glaswände sowie Glastüren
- ❏ Schutz gegen direkte Sonneneinstrahlung

Farbgebung

- ❏ Farbstreifen für Gefahrenstellen und Verkehrswege
- ❏ Farbsymbolik
    - Rot → Verbot, Gefahr
    - Blau → Gebot
    - Gelb → Vorsicht, Warnung
    - Grün → Hilfe

Lärmschutz

- ❏ Ab 85 dB (A) Gehörvorsorgeuntersuchungen vornehmen und Gehörschutzmittel anbieten
- ❏ Ab 90 dB (A) sind Gehörschutzmittel Pflicht.

Brandschutz und individuelle Schutzausrüstungen

- ❏ Beratung durch Berufsgenossenschaft in Anspruch nehmen (kompetent, kostenlos)

Eigene Anmerkungen:

98. Fehlzeitenanalyse

Mindestens 30% der Fehlzeiten sind durch geringe Arbeitszufriedenheit und Motivation der Mitarbeiter beeinflusst. Die Hauptursache bei Fehlzeiten ist die Zusammenarbeit mit Vorgesetzten.

Erstellen einer individuellen Fehlzeitentabelle

Name:

	Datum	Fehltage	Ursache	Entschuldigung	
				ja	nein
Häufigkeit/Jahr:					
	Summe Fehltage/Jahr:				
		Häufigste Ursache:			
			Summe entschuldigte Fehlzeiten:		
				Summe unentschuldigte Fehlzeiten:	

Erstellen einer Abteilungs- oder auch Unternehmenstabelle

Abteilung XY	Fehlhäufigkeit	Fehltage	Ursache	Entschuldigung	
				ja	nein
Mitarbeiter X					
Mitarbeiter Y					
Mitarbeiter Z					
Summe:					
	Summe:				
		Hauptursache:			
			Summe:		
				Summe:	

99. Auswertungsfragen zur Fehlzeitenanalyse

- ❏ Gibt es jahreszeitliche Schwankungen und Erklärungen für dieses Phänomen?
- ❏ Wo lässt sich Ihr Unternehmen einordnen, wenn Sie entsprechende Vergleichszahlen (Arbeitgeberverband, IHK, Handwerkskammer, AOK) heranziehen?
- ❏ Gibt es Abteilungen, die besonders auffällige Zahlen aufweisen?
- ❏ Stehen die Fehlzeiten in einem Zusammenhang mit Problemen der Führungsebene?
- ❏ Gibt es bestimmte Berufsgruppen, die eine besonders hohe Anzahl von Fehlzeiten aufweisen?
- ❏ Gibt es einzelne Mitarbeiter bzw. -gruppen, die durch häufige Fehlzeiten auffallen?
- ❏ Klagen Mitarbeiter über Unter- bzw. Überforderung?
- ❏ Entsprechen Arbeitssicherheit und Gesundheitsschutz den gesetzlichen Vorschriften?
- ❏ Ist die Arbeit ergonomisch gestaltet oder handelt es sich evtl. um monotone, ermüdende oder repetitive (Teil-)Arbeit?
- ❏ Gibt es Hinweise auf Mobbing-Aktivitäten gegenüber (häufig fehlenden) Mitarbeitern?
- ❏ Sind neue Mitarbeiter gut eingeführt worden, d. h., haben neue Mitarbeiter auch im Team und im gesamten Unternehmen ihren Platz gefunden?
- ❏ Kranke sollten sich aufgrund der höheren Verbindlichkeit nur bei ihrem Vorgesetzten krank melden können. Welche Regelung haben Sie getroffen?
- ❏ Wie ist es um die Arbeitszufriedenheit in Ihrem Unternehmen bestellt? Haben Sie schon die Möglichkeit einer Mitarbeiterbefragung zu diesem Thema in Betracht gezogen?
- ❏ Werden in Ihrem Unternehmen die Mitarbeiter ermutigt Kritik zu äußern und Veränderungen anzustoßen?
- ❏ Lässt sich ein Zusammenhang zwischen Brückentagen, Wochenenden, Überstunden einerseits und Fehlzeiten andererseits erkennen?
- ❏ Haben Sie den Gesundheitszustand bei Neueinstellungen überprüfen lassen?
- ❏ Lassen Sie Ihre Mitarbeiter regelmäßig durch einen Betriebs- oder Vertragsarzt überprüfen?

99. Auswertungsfragen zur Fehlzeitenanalyse *(Forts.)*

❏ Führen Sie Rückkehr-Gespräche, um die Gründe der Abwesenheit zu erforschen?

❏ Machen Sie das anhand eines schriftlichen Leitfadens, der als Kopie mitgegeben wird (mitbestimmungspflichtig)?

❏ Sind Ihre Führungskräfte in Gesprächsführung geschult?

❏ Haben Sie den Betriebsrat frühzeitig einbezogen?

Eigene Anmerkungen:

100. Persönliche Arbeitsorganisation

„Ein Jegliches hat seine Zeit, und alles Vorhaben unter dem Himmel hat seine Stunde."

- ❏ Bestimmen Sie Ihre Ziele.
  - Konkrete und realistische Ziele mit festem Termin finden
  - „Ich werde ..." statt „Ich will nicht mehr ..."

- ❏ Setzen Sie Prioritäten.
  - Aufgabe *muss* oder *kann* im Planungszeitraum erledigt werden
  - ABC-Analyse für Muss-Aufgaben durchführen
    - ❏ A für die wichtigsten Aufgaben: 1-2 Aufgaben pro Tag
    - ❏ B für durchschnittlich wichtige Aufgaben: 2-3 Aufgaben pro Tag
    - ❏ C für Kleinkram und Routineaufgaben: der Rest

- ❏ Benutzen Sie ein Zeitplanbuch zur Entlastung des Gedächtnisses (Halbstunden-Unterteilung meist ausreichend).
  - Arbeitstag bereits am Ende des Vortages planen
  - Unerledigtes kontrollieren und auf nächsten Tag übertragen

- ❏ Planen Sie Ihren Tagesablauf realistisch.
  - Aufgaben zusammenstellen
  - Nach Muss- oder Kann-Aufgaben sortieren
  - Prioritäten bei den Muss-Aufgaben setzen
  - Länge der Tätigkeiten schätzen
  - Störfaktoren identifizieren
  - Entscheidungen treffen (sofort erledigen, delegieren, verschieben oder nicht tun)
  - Pufferzeiten einplanen
  - Nicht mehr als 50% des Arbeitstages verplanen

- ❏ Finden Sie Ihren persönlichen Arbeitsrhythmus.
  - Physiologische Leistungskurve beachten
    - ❏ Leistungshoch Vormittag: A-Aufgaben
    - ❏ Leistungstief nach dem Essen: C-Aufgaben
    - ❏ Leistungsanstieg Nachmittag: B-Aufgaben

  - Erstellen der persönlichen Tagesstörkurve
    - ❏ Störungsfreie Zeiten für A-Aufgaben reservieren

- ❏ Gestalten Sie Ihren Arbeitsplatz.
  - Nahen Zugriff bei häufig benutzten Arbeitsmitteln sicherstellen
  - Gelegentlich genutzte Arbeitsmittel auf Abruf zur Verfügung haben
  - Jedes Papier nur einmal in die Hand nehmen
  - Schreibtisch, Stuhl, PC, Arbeitsmittel ergonomisch anordnen
  - Allen Projekten einen Platz in Akte, Hängeregister, Schublade geben
  - Auf dem Arbeitstisch nur einen Vorgang bearbeiten

100. Persönliche Arbeitsorganisation *(Forts.)*

❏ Gehen Sie souverän mit Störungen um.
- Wichtigkeit der aktuellen Aufgabe definieren
- JA zur Aufgabe und NEIN zur Störung sagen
- Hart in der Sache, aber wertschätzend gegenüber den störenden Personen sein
- Persönliche Sperrzeiten, in denen Sie keine Störungen zulassen, im Zeitplaner eintragen

❏ Delegieren Sie vernünftig.
- Ausführende Person auswählen
- Ziel gemeinsam definieren
- Auf Vorgehensweise einigen
- Nur zu abgesprochenen Zeitpunkten kontrollieren
- Deadline festlegen

❏ Motivieren Sie sich selbst.
- Drei persönliche Dinge pro Tag erledigen
- Am Anfang und am Ende des Arbeitstages ein schnelles Erfolgserlebnis einplanen
- Sich selbst Zeitlimits setzen

Eigene Anmerkungen:

101. Effektives Besprechungsmanagement

1. **Vorbereitung**

   ❏ Art und Zielsetzung der Besprechung
   - Mitarbeiter informieren
   - Aufgaben koordinieren
   - Strategie entwickeln

   ❏ Teilnehmerauswahl
   - Nach Zuständigkeit
   - Nach Fachwissen
   - Nach sozialer Kompetenz

   ❏ Organisation
   - Einladungen/Tagesordnung/Vorinformationen rechtzeitig verschicken
   - Zeitbudget pro Thema aufführen
   - Raum herrichten
   - Arbeitsmittel (Flip-Chart, OH-Projektor etc.) funktionsfähig machen

   ❏ Notwendige Vorinformation
   - Zeitlichen Rahmen der Ergebnisvorlage abstecken
   - Unterlagen besorgen
   - Vorgespräche führen
   - Offene Punkte der letzten Besprechung einplanen
   - Besprechungsleitung benennen (getrennte inhaltliche und Ablaufverantwortung)

2. **Durchführung**

   ❏ Kompetenter Moderator wird bestimmt, der
   - Aufgabe der Protokollführung verteilt
   - Regeln für den Arbeitsablauf abspricht
   - Tagesordnung vorstellt
   - Vorschläge weiterer Tagesordnungspunkte aufnimmt
   - langatmige Debatten über Geschäftsordnung bremst (3-Minuten-Regel)
   - evtl. Einführung in das Thema gibt
   - roten Faden verfolgt
   - mit Visualisierungen arbeitet
   - klare Zeitvorgaben macht und für rechtzeitige Pausen sorgt
   - Einhaltung der vereinbarten Regeln kontrolliert
   - statt Bewertungen nur persönliche Einschätzungen zulässt
   - sich inhaltlich heraushält
   - Wort in der Reihenfolge der Meldungen erteilt
   - Vielredner stoppt

101. Effektives Besprechungsmanagement *(Forts.)*

- vorsichtig stille Teilnehmer gezielt anspricht
- auf Ergebnisse drängt
- Arbeitsergebnisse zusammenfasst und visualisiert
- Offengebliebenes für die nächste Besprechung im Protokoll vermerkt
- Aufgabenverteilung koordiniert und schriftlich festhält
- Termine festlegt

3. Nachbereitung

❏ Protokoll an alle verschicken (innerhalb max. 2 Tagen)

❏ Über Umsetzung auf dem Laufenden halten

❏ In der Zwischenzeit Ergebnisse abfragen

Tipp: Besprechungen, die im Stehen abgehalten werden, dauern halb so lang und sind mindestens genauso effektiv!

Eigene Anmerkungen:

102. Fördergespräch – Gesprächsvorbereitung Mitarbeiter

❑ Welche Arbeitsziele haben Sie bisher verfolgt?

❑ Welche dieser Ziele haben Sie bisher erreicht?

❑ Welche Ziele sind schwierig zu erreichen und warum? Welche Probleme sind dabei aufgetreten?

❑ Welche Aspekte haben positiv auf die Zielerreichung eingewirkt?

❑ In welchen Bereichen kommen Ihre besonderen Stärken zur Geltung, in welchen eher Ihre Schwächen?

102. Fördergespräch – Gesprächsvorbereitung Mitarbeiter *(Forts.)*

❏ Haben Sie von Ihrem Potenzial profitieren können?

❏ Welche (neuen und alten) Ziele haben Sie für die Zukunft?

❏ Welche Art von Unterstützung, z.B. Maßnahmen der Personalentwicklung, wünschen Sie sich dafür?

❏ Wie stellen Sie sich Ihre weitere berufliche Entwicklung vor?

Eigene Anmerkungen:

103. Fördergespräch – Ablauf

Vorbereitung durch Führungskraft

- ❏ Mitarbeiter rechtzeitig über den Termin und Zweck des Gesprächs informieren
- ❏ Mitarbeiter zur Vorbereitung den Gesprächsleitfaden ausfüllen lassen
- ❏ Eigene Gesprächsvorbereitung vornehmen
    - Anforderungsprofil kennen
    - Über Eignungsprofil informieren
    - Stärken und Schwächen des Mitarbeiters einschätzen
    - Vergangene und zukünftige Arbeitsziele benennen
    - Eigene Erwartungen an berufliche Laufbahn des Mitarbeiters klären
    - Zu fördernde Fähigkeit bestimmen, z.B. Teamfähigkeit, Führungskompetenz
    - Mögliche Fördermaßnahmen überlegen
    - Grenzen des Mitarbeiters (Fähigkeiten, Bereitschaft) und eigene Grenzen (mögliche Zusagen) bewusst machen
    - Zeithorizont festlegen
- ❏ Störungsfreien Ablauf des Gesprächs sicherstellen

Durchführung

- ❏ Phase 1: Anwärmen
    - Kooperative, angenehme Gesprächsatmosphäre schaffen
    - Über Zweck und Ziel informieren

- ❏ Phase 2: Perspektive des Mitarbeiters
    - Mitarbeiter legt seine Sicht anhand des ausgefüllten Vorbereitungsbogens dar.

- ❏ Phase 3: Einschätzung der Führungskraft
    - Führungskraft stellt die eigene Sichtweise dar.

- ❏ Phase 4: Gemeinsame Vereinbarungen
    - Diskussion führen und Sichtweisen abgleichen
    - Klare Ziele definieren
    - Jeweiligen Beitrag der Führungskraft und des Mitarbeiters zum Erreichen der Ziele vereinbaren
    - Personalentwicklungsmaßnahmen benennen und initiieren

- ❏ Phase 5: Abschluss
    - Schriftliche Zusammenfassung im Protokollformular
    - Zustimmung durch Unterschrift des Mitarbeiters einholen
    - Gemeinsame Reflexion über Gesprächsklima
    - Termin für nächstes Fördergespräch festlegen

104. Erfolgskontrolle Personalentwicklung

Entscheidendes Erfolgskriterium ist die Anwendbarkeit des Gelernten zur Steigerung des Unternehmenserfolgs. Überprüft werden sollte die Qualität, die Relevanz und der Transfer der Personalentwicklungs-Maßnahmen.

1. **Andragogische Erfolgskontrolle**

   - ❏ Vor dem Seminar
     - Mitarbeiterbeurteilung (Ist- und Soll-Qualifikation feststellen)
     - Mitarbeiter legt schriftlich Ziel und erwarteten Nutzen dar

   - ❏ Direkt nach dem Seminar
     - Seminarbeurteilungsbögen
     - Theoretische oder praktische Tests am Arbeitsplatz
     - Auswertungsgespräch mit dem Vorgesetztem und gemeinsame Transferplanung in der Arbeitsgruppe

   - ❏ Nach 3 bis 4 Monaten
     - Mitarbeiterbeurteilung
     - Transferfragebogen (Selbsteinschätzung: Ist Transfer im Sinne der Transferplanung gelungen?)
     - Transferkontrollgespräch mit Vorgesetztem

2. **Ökonomische Erfolgskontrolle**

   - ❏ Als Beispiele für Kriterien der ökonomischen Erfolgskontrolle lassen sich vielfältige direkte Kennzahlen heranziehen:
     - Aufwand in % vom Umsatz
     - Aufwand in % vom jährlichen Personalaufwand (Durchschnitt ca. 2%)
     - Aufwand pro Mitarbeiter
     - Anzahl der Trainingstage pro Mitarbeiter (erfolgreiche Unternehmen: etwa 10 Tage pro Jahr)

   - ❏ Aber auch indirekte Kennzahlen können in das Controlling einfließen:
     - Qualitätsmängel
     - Fehlzeiten
     - Durchlaufzeiten
     - Reklamationen
     - Fluktuationen
     - Kundenbindung

Eigene Anmerkungen:

105. Analyse der Führungssituation

Unpassende Führungsstile verursachen immer wieder Unzufriedenheit und Leistungszurückhaltung bei den Mitarbeitern. Um herauszufinden, welches Führungsverhalten Führungskräfte zeigen sollten, damit sie bei ihren Mitarbeitern positives Leistungsverhalten stimulieren, bietet sich eine Führungsstilanalyse in Form eines Fragebogens an.

1. Inhalt

Die Inhalte einer Führungsstilanalyse werden individuell aus den Führungsgrundsätzen und den jeweiligen Führungsaufgaben in Ihrem Unternehmen abgeleitet. Ein Fragebogen kann folgendermaßen aufgebaut werden:

Kriterien: Stimmt	immer	oft	selten	nie
Vorgesetzten-Mitarbeiter-Kontakte Der Vorgesetzte sucht den persönlichen Kontakt.				
Kritik Der Vorgesetzte übt konstruktive Kritik und ist bereit, selbst Kritik entgegenzunehmen.				
Ziel- und Entscheidungsfindung Der Vorgesetzte bezieht Mitarbeiter in Ziel- und Entscheidungsfindungsprozesse mit ein.				
Motivation des Mitarbeiters Der Vorgesetzte bietet attraktive Anreizsysteme für motiviertes Arbeiten: Eigenverantwortlichkeit, Anerkennung, Aufstiegschancen, monetäre Anreize, persönliche Wertschätzung.				
Mitarbeiterqualifikation Der Vorgesetzte bemüht sich, Mitarbeiter ausreichend und spezifisch zu fördern.				
Delegation Der Vorgesetzte gibt verantwortungsvolle Aufgaben ab.				
Unterstützung Der Vorgesetzte bietet partnerschaftliche Unterstützung an.				
Führungskräftequalifikation Führungskräfte werden ausreichend gefördert.				

105. Analyse der Führungssituation *(Forts.)*

Kriterien: Stimmt	immer	oft	selten	nie
Kontrolle Selbstkontrolle geht vor Fremdkontrolle, dezentrale vor zentraler Kontrolle.				
Informationsbeziehung Der Informationsfluss findet gleichmäßig in alle Richtungen statt.				
Einstellung des Mitarbeiters zum Vorgesetzten Mitarbeiter empfindet Wertschätzung und Vertrauen.				
Einstellung des Vorgesetzten zum Mitarbeiter Der Vorgesetzte verhält sich offen, integrativ, gerecht.				
Formalisierungsgrad Der Formalisierungsgrad ist angemessen.				

Bei ungleicher Wertigkeit der einzelnen Kriterien kann eine Gewichtung vorgenommen werden.

2. Durchführung

- ❏ Selbstbeurteilung: Führungskräfte führen anhand dieses Fragebogens eine Selbstbeurteilung durch.
- ❏ Ist-Zustand: Mitarbeiter geben ihre Einschätzung des Ist-Zustands.
- ❏ Soll-Zustand: Mitarbeiter beschreiben den angestrebten Zustand.

3. Auswertung

Die drei Einschätzungsvarianten können auf vielfältige Weise ausgewertet werden:

- ❏ Durchschnittsbildung der Ist-Profile ➔ Stilprofil der beurteilten Führungskraft
- ❏ Durchschnittsbildung der Soll-Profile ➔ Wunschprofil der beurteilten Führungskraft
- ❏ Durchschnittsbildung der Ist-Profile aller Führungskräfte ➔ Abbildung des vorherrschenden Stils des Hauses

Der Abgleich einzelner Einschätzungen untereinander oder mit den Führungsgrundsätzen gibt die Richtung sinnvoller Veränderungen an.

Eigene Anmerkungen:

- -

- -

106. Konfliktmanagement

In jedem Unternehmen treten immer wieder Konflikte und Unstimmigkeiten auf. Wo Konflikte chronisch unterschwellig schwelen, wirken sie als permanenter Sand im Getriebe des Unternehmens. Konflikte bieten aber auch die Chance zu Veränderungen, wenn sie anhand von Fragen analysiert und anschließend konstruktiv angegangen werden.

- Wie macht sich der Konflikt bemerkbar?
- Um was für einen Konflikt handelt es sich?
    - Bewertungskonflikt: Ziele werden unterschiedlich bewertet.
    - Beziehungskonflikt: Bedürfnis nach Wertschätzung wird verletzt.
    - Verteilungskonflikt: Allgemein anerkannte Kriterien für die Verteilung von Ressourcen existieren nicht oder werden verletzt.
    - Beurteilungskonflikt: Unterschiedliche Informationen bzw. unterschiedliche Beurteilung von Informationen führen zu konträren Meinungen.
- Wer ist der direkte Konfliktpartner?
- Wem nutzt der Konflikt (auch noch)?
- Auf wessen Kosten geht der Konflikt?
- Wohin führt der Konflikt, wenn es so weitergeht?
- Was ist der Hintergrund des Konflikts?
- Welche Partei hat welches Ziel und wie wichtig ist ihr das jeweils?
- Welche Problemlösestrategie favorisiere ich/favorisiert die Konfliktpartei?
    - Übergehen: nicht erkennen oder totschweigen
    - Unterdrücken: per Diktat von oben oder per Abstimmung demokratisch regeln
    - Kompromiss: Zugeständnisse machen
    - Allianz: Gegensätze stehen lassen, gemeinsame Teilziele finden
    - Integration: auf Konsens diskutieren, gemeinsam akzeptierte Lösung finden
- Wie kann ich meine Interessen plausibel machen?
- Wie sehen die Gegenargumente der Konfliktpartei aus?
- Was fehlt, um sich auf eine gemeinsame Strategie zu einigen?
- Wie sehen mögliche konkrete Lösungswege dieser Strategie aus?
- Gibt es noch konsensfähigere Alternativen?
- Welche Zugeständnisse bin ich bereit zu machen?
- Welche Folgeprobleme können im Zuge dieser Strategie auftreten?
- Bin ich/ist die Konfliktpartei bereit zu kooperativer Konfliktlösung?
    - Offen für neue Lösungen statt stur den eigenen Kopf durchsetzen wollen
    - Beschreibend statt bewertend
    - Problemorientiert statt personalisierend
    - Wertschätzend statt abwertend
- Von wem kann ich mir zusätzliche Unterstützung holen? (z. B. Mediator)

107. Mitarbeitermotivation

- [ ] Kooperative bzw. partizipative Führung praktizieren
  - Eigeninitiative und Selbstverantwortung fördern
  - Verantwortungsvolle Aufgaben delegieren
  - Orientierung geben
  - In Entscheidungsprozesse einbeziehen
  - Führungsleitlinien umsetzen und Vorbild sein
  - Situativ über adäquates Führungsverhalten entscheiden
  - Feedback geben (über Stärken und Entwicklungsmöglichkeiten)

- [ ] Durchschaubares und gerechtes Be- und Entlohnungssystem entwickeln
  - Leistungslohnformen
  - Erfolgsbeteiligung

- [ ] Gute Leistungen offen bestätigen
  - Anerkennung aussprechen und konkret belegen
  - Veröffentlichung in der Betriebszeitung, im Intranet usw.

- [ ] Vorschlagswesen fördern
  - Sonderwerbeaktionen
  - Teamaktionen
  - Zeitlich befristete Sonderprämien

- [ ] Angemessene Stellenbesetzung vornehmen
  - Interessen berücksichtigen
  - Unter- bzw. Überforderung vermeiden
  - Erreichbare Herausforderungen anbieten

- [ ] Identifikation mit Unternehmen fördern
  - Attraktive Sozialleistungen einführen
  - Gemeinsame Freizeitgestaltung, Feiern usw.
  - In Zielfindungs- und Entscheidungsprozesse einbeziehen
  - Durch Unternehmensleitlinien klare Ziele vorgeben
  - Loyalität zeigen
  - Einbettung des einzelnen Beitrags zum Unternehmenserfolg kenntlich machen
  - Identifikation mit dem Arbeitsergebnis fördern
  - Eigenen Nutzen am Erfolg des Unternehmens nachvollziehbar machen

- [ ] Attraktive Arbeitsbedingungen fördern
  - Abwechslung bieten
  - Flexible Arbeitszeiten anbieten
  - Ergonomische Arbeitsgestaltung und Unfallverhütung gewährleisten

- [ ] Aufstiegs- und Beförderungsmöglichkeiten offen legen

107. Mitarbeitermotivation *(Forts.)*

- ❏ Personalentwicklung fördern
  - Mitarbeitergespräche führen
  - Anbieten von Workshops (z. B. Projektmanagement, Rhetorik)

- ❏ Interne Unternehmenskommunikation sicherstellen
  - Transparenz herstellen
  - Hintergründe von Ereignissen und Entscheidungen klären

- ❏ Einzelne Fachbereiche und Mitarbeiter gleich behandeln
  - Personal- und Materialbeschaffung
  - Sparmaßnahmen

- ❏ Motivationsförderndes Organisationsklima schaffen
  - Zusammenarbeit fördern
  - Diskriminierung verhindern
  - Selbstbestimmte Planung und Kontrolle
  - Kritik ermöglichen

Eigene Anmerkungen:

108. Interne Unternehmenskommunikation

Transparenz in einem Unternehmen kann durch verschiedene Systeme der Personalinformation, -mitwirkung und -kommunikation hergestellt werden. Transparenz schafft Vertrauen, Motivation und Leistung.

❏ Informationsmedien anbieten
- Mitarbeiterzeitung
- Geschäfts- und Sozialbericht
- Intranet
- Newsletter
- Company-TV und Radio
- Feste Treffen mit der Geschäftsleitung (z.B. 1. Mittwoch des Monats zum Mittagessen)
- Schwarzes Brett
- Unternehmensporträt
- Filme über Unternehmensgeschichte, -philosophie und -produkte

Die Aufmachung der Informationen hat sich an den üblichen Lesegewohnheiten zu orientieren.
Die Betriebszeitung könnte z.B. wie eine Tageszeitung gestaltet sein.
Die Zuständigkeit für Beiträge in der Betriebszeitung sollte klar geregelt sein, um aktuelle und relevante Informationen sicherzustellen.
Für die Pflege der Anschläge am Schwarzen Brett werden Mitarbeiter benannt, die auch für die Aktualität der Anschläge sorgen.

❏ Mitarbeiterkommunikation fördern
- Betriebsspezifische Vorträge mit Diskussion
- Seminare
- Beurteilungsgespräche
- Systematischer Erfahrungsaustausch (Erfa-Gruppen)
- Führungskräfte-Tagungen
- Betriebsversammlungen
- Betriebsfeiern
- Gemeinsame Freizeitgestaltung
- „Club der Querdenker"

❏ Kommunikation zwischen Mitarbeiter und Führung
- Seminare mit Teilnehmern quer durch die Hierarchieebenen
- Beurteilung der Führungsqualitäten des Vorgesetzten
- Meckerkasten
- Vorschlagswesen
- Mitarbeiterbefragung
- „Kamingespräche" der Unternehmensführung mit leitenden Angestellten
- Gemeinsame Essen

109. Entgeltfindung

Ihr Entlohnungssystem sollte durchschaubar, gerecht und leistungsorientiert gestaltet sein.

- ❏ Bestimmen Sie die Normalleistung, z.B. durch
  - REFA-System aufgrund von Arbeitszeitstudien (REFA ist der bundesweit organisierte Verband für Arbeitsgestaltung, Betriebsorganisation und Unternehmensentwicklung e.V. Die REFA hat auch gleichnamige Landesverbände.)
  - MTM-Verfahren (Method-Time-Measurement) aufgrund vorbestimmter Zeiten

- ❏ Beziehen Sie die Ergebnisse aus den Mitarbeiterbeurteilungen ein:
  - Fachkenntnisse
  - Arbeitsqualität, -quantität
  - Kostenbewusstes Handeln etc.

- ❏ Prüfen Sie die Erfolgsbeteiligung
  - Leistungsbeteiligung
  - Ertragsbeteiligung
  - Gewinnbeteiligung
  - Deckungsbeiträge

- ❏ Trennen Sie leistungsunabhängige Zahlungen in beeinflussbar/nicht beeinflussbar:
  - Betriebliche Altersversorgung
  - Sozialabgaben
  - Urlaubsgeld
  - Lohnfortzahlung im Krankheitsfall
  - Kindergeld
  - Weihnachtsgratifikation
  - Vermögenswirksame Leistungen

- ❏ Berücksichtigen Sie steuerliche Rahmendaten bei der Lohn- und Gehaltszahlung, z.B. bei
  - Erfindungen
  - Abfindungen
  - Aushilfen

Eigene Anmerkungen:

110. Vergütungsformen, Erfolgsbeteiligung, Sozialleistungen als Leistungsanreize

1. **Tarifliche Mitarbeiter**

   Die Arbeitsbewertungsgrundlagen und die Entlohnungsgrundsätze sind im Mantel- und Lohnrahmentarifvertrag geregelt.

   - ❏ Zeitlohn
     - Vergütung nach Anwesenheitsstunden
     - *Vorteil:* Feste Löhne über längeren Zeitraum, einfache Lohnermittlung
     - *Nachteil:* Kein Leistungsanreiz

   - ❏ Leistungszulagen
     - Als Ergänzung zum Grundgehalt für besondere Leistungen
     - Durch Betriebsvereinbarung oder Tarifvertrag geregelt
     - *Vorteil:* Erhöht Leistungsmotivation

   - ❏ Akkordlohn
     - Bezahlung nach Leistung pro Zeiteinheit
     - Auszahlung nach Stunden, Tagen, Wochen oder Monaten
     - *Vorteil:* Erhöht Leistungsmotivation
     - *Nachteil:* Dauerdruck, geringe Qualität

   - ❏ Sachleistungen
     - Bezahlung in Produkten bzw. Sachleistungen (z.B. Wohnung, Essensgutscheine) ist nur dann möglich, wenn Ihr Mitarbeiter zustimmt. Ohne seine Zustimmung können solche Vergütungsbestandteile nur zusätzlich zum vereinbarten Entgelt gezahlt werden
     - *Vorteil:* 44 €/Monat steuerfrei

2. **Außertarifliche Mitarbeiter**

   Qualifizierte, außertarifliche Mitarbeiter tragen oft besonders zum Unternehmenserfolg bei. Vergütungsstrukturen für außertarifliche Mitarbeiter sollten deshalb leistungsmotivierend gestaltet sein und neben dem festen Grundgehalt auch einen Großteil variabler Vergütungen beinhalten.

   - ❏ Grundgehalt/Bruttomonatsgehalt
     - Klare und eindeutige Vergütungsstruktur aufbauen
     - Kriterien für Bemessungsgrundlage:
       - ❏ Alter, Ausbildung, Berufserfahrung, Leistung der Person
       - ❏ Hierarchischer Rang, Personalverantwortung, Vollmachten, Funktion der Position
       - ❏ Ertragslage, Branche, Standort, Abhängigkeiten, Rechtsform des Unternehmens, Konjunktur des Markts
     - Weihnachts- und Urlaubsgelder vereinbaren

110. Vergütungsformen, Erfolgsbeteiligung, Sozialleistungen als Leistungsanreize *(Forts.)*

- ❑ Variable Vergütung
  - Möglichst 10-20% der monetären Vergütung als variable Vergütung gestalten
  - Bemessung z.B. anhand von Systemen zielorientierter Leistungsbewertung
  - *Vorteil:* Variable Bezüge ohne großen arbeitsrechtlichen Aufwand veränderbar

3. Betriebliche Erfolgsbeteiligung

Betriebliche Erfolgsbeteiligung bezieht sich meist auf gesamtbetriebliche Ergebnisse und fördert so die Mitverantwortung und Leistung der Beteiligten.

- ❑ Bemessungsgrundlagen
  - Ertragsbeteiligung
  - Gewinnbeteiligung
  - Kostenersparnis, Produktionsmengen oder Produktivität
  - Personalbeurteilung

- ❑ Formen
  - Tantieme
  - Garantietantieme
  - Prämie
  - Provision
  - Bonus
  - Gratifikation

4. Betriebliche Sozialleistungen

- Fahrt- und Reisekosten
- Urlaubsgeld
- Weihnachtsgeld
- Freizeit
- Darlehen
- Beihilfen/Zuschüsse
- Altersversorgung
- Unfallversicherung
- Hinterbliebenenversorgung
- Sonstige Zusatzleistungen

Eigene Anmerkungen:

111. Konstruktive Mitarbeiterlenkung

Mögliche Maßnahmen:

- Einführung
  ... um die Einarbeitungszeit zu verkürzen

- Unterrichtung
  ... um die Kenntnis der Unternehmensziele zu gewährleisten

- Auf Veränderungen einstellen
  ... um Identifikation mit dem Unternehmen zu erreichen

- Mitsprache
  ... um das Vorschlagswesen der Mitarbeiter zu aktivieren

- Integration
  ... um die Eigenverantwortung zu fördern

- Mitarbeiter voll auslasten
  ... um Personalkosten zu senken

- Optimaler Personaleinsatz
  ... um allgemeine Leistungssteigerung zu erreichen

- Anerkennung
  ... um engagierte und motivierte Mitarbeiter zu gewinnen

- Mitarbeiterkontrolle
  ... um vereinbarte Prozesse zu überprüfen

- Mitarbeiterbeurteilung
  ... um individuelle Leistungssteigerungen zu erreichen

- Anweisungen
  ... um Orientierung zu geben

- Betreuung
  ... um Lernfortschritte zu sichern

111. Konstruktive Mitarbeiterlenkung

❏ Weiterbildung

... um Wissen zu erweitern und Kompetenzen zu stärken

Eigene Anmerkungen:

112. Personal-Controlling

- Personalinformationssystem installieren mit Personaldatenbank sowie Arbeitsplatzdatenbank:
  - Personalverwaltung
  - Personaleinsatz
  - Personalbeschaffung
  - Personalentwicklung
  - Personalabrechnung
  - Personalbetreuung

- Datenschutz und Betriebsverfassung beachten

- Anhand des Einsatzplans und der Stellenbeschreibung ein Organigramm erstellen

- Organigramm mit Soll-Zustand (Stellenplan) vergleichen

- Organigramm zur Nachfolgeplanung (v.a. für Führungskräfte) nutzen

- Betriebsvergleiche anhand von Benchmarks durchführen
  - Qualifikation der Mitarbeiter
  - Gehälter
  - Freiwillige Sozialleistungen
  - Fehlzeiten
  - Altersstruktur
  - Personalausstattung
  - Personalentwicklung

Eigene Anmerkungen:

113. Personalreduzierung

1. **Arbeitszeit reduzieren**

   ❏ Abbau von Überstunden
   - Mehrarbeitszuschläge einsparen

   ❏ Gezielte Urlaubsplanung
   - Gemeinsame Betriebsferien vereinbaren
   - Brückentage ausnutzen
   - Chancen für längerfristige Qualifizierung bieten
   - Urlaubstage vorziehen
   - Sabbaticals ermöglichen
   - Unbezahlten Urlaub einräumen
   - Gesetzlichen Mindesturlaub und garantierte Jahres-Tarifurlaubsansprüche einhalten

   ❏ (Vorübergehende) Kürzung der vertraglichen Arbeitszeit
   - Fristen und Meldepflichten gegenüber der Arbeitsverwaltung beachten
   - Betriebsrat einbeziehen
   - Mit Imageverlust und Abwanderung rechnen
   - Verwaltungsaufwand berücksichtigen

   ❏ Umstellung von Voll- auf Teilzeit
   - Änderung des Arbeitsvertrags nur auf freiwilliger Basis vornehmen

   ❏ Hereinnahme von Fremdaufträgen

2. **Versetzungen**

   - Systematisch und frühzeitig planen
   - Notwendige Schulungsmaßnahmen vornehmen
   - Zustimmung des Betriebsrats einholen

Eigene Anmerkungen:

114. Personalabbau

Welche der folgenden Maßnahmen des Personalabbaus kommen für Ihr Unternehmen in Frage?

		ja	nein
❏ Vorzeitige Pensionierung			
	– Sozialversicherungsrechtliche Fragen klären	❏	❏
	– § 147a SGB III beachten: Erstattungspflicht (Endet das Arbeitsverhältnis nach Beendigung des 56. Lebensjahres, ist der Arbeitgeber in der Pflicht, Erstattungsleistungen an die Bundesanstalt für Arbeit für längstens 24 Monate für die Zeit nach Vollendung des 58. Lebensjahres zu leisten.)	❏	❏
	– Verband, Rechtsberatung und Arbeitsamt für Beratung konsultieren	❏	❏
	– Interessenausgleich mit Betriebsrat anstreben	❏	❏
❏ Einstellungsstopp			
	– Bereichsbezogener Einstellungsstopp	❏	❏
	– Genereller Einstellungsstopp (kann meist nicht durchgehalten werden)	❏	❏
	– Mit der Ausnahme bei begründeten Einzelfällen	❏	❏
	– Mit der Ausnahme bei speziellen Schlüsselpositionen	❏	❏
	❏ Erleichtert betriebsbedingte Kündigungen		
	❏ Absprache mit Betriebsrat notwendig		
❏ Individuelle Aufhebungsverträge			
	– Betriebsvereinbarung anstreben	❏	❏
	– Verband oder Rechtsberatung konsultieren (Abfindungshöhe, Zuzahlungen etc.)	❏	❏
❏ Befristete Verträge			
	– Auslaufende Zeitarbeitsverträge	❏	❏
	– Freie Mitarbeiter, Aushilfen	❏	❏
	– Auslaufende Probezeit	❏	❏
Wichtig: Der Arbeitgeber muss den Arbeitnehmer darauf aufmerksam machen, dass er 3 Monate vor dem Ende der Befristung die bevorstehende Arbeitslosigkeit melden muss (§ 37b SGB III).			
❏ Personalleasing kündigen		❏	❏
❏ Eigenkündigungen fördern			
	– Evtl. entstehen Sozialplanansprüche.	❏	❏
❏ Outsourcing			
	– Vgl. Checkliste Nr. 115.	❏	❏

114. Personalabbau *(Forts.)*

- ❏ Selbständigkeit unterstützen
    - Durch Angebot von Lieferverträgen fördern ❏ ❏

- ❏ Entlassungen mit Rückkehrgarantie
    - Wiedereinstellungstermin offen lassen ❏ ❏
    - Evtl. Arbeitsvertrag nur ruhen lassen ❏ ❏

- ❏ Betriebsbedingte Kündigung
    - Arbeitsplatz entfällt aus dringenden betrieblichen Gründen ❏ ❏
    - Andere Beschäftigung im Unternehmen nicht möglich ❏ ❏
    - Interessenausgleich anstreben ❏ ❏
    - Sozialplan anbieten ❏ ❏
    - Korrekte Sozialauswahl treffen ❏ ❏

Folgende rechtliche Regelungen sind insgesamt zu beachten:

- ❏ § 95 BetrVG (Kündigung bedarf der Zustimmung des Betriebsrats.)

- ❏ Arbeitsförderungsgesetz (SGB III)

- ❏ Sozialversicherungsrecht

- ❏ Kündigungsschutzgesetz (KSchG)

Mitarbeiter sollten nicht zu schnell entlassen werden. In Unternehmen, in denen keine Personalbedarfsplanung betrieben wird, wird ein Personalüberhang oft erst sehr kurzfristig registriert, sodass kostengünstigere Alternativen nur noch schwer zu planen sind. Möglicherweise handelt es sich auch nur um eine zeitlich begrenzte Schwankung. Dann wären vorschnelle Entlassungen unwirtschaftlich, weil sie mit höheren Kosten, wie Abfindungszahlungen, verbunden sind.

Eigene Anmerkungen:

Outsourcing

Durch vollständige oder teilweise Auslagerung von Unternehmensteilen und den Einkauf externer Leistungen kann sich das Unternehmen auf seine Kernkompetenzen konzentrieren. Es wird flexibler in seinen Aktionen, bezieht professionellere Dienstleistungen und spart direkte Personalkosten ein.

Prüfen Sie zunächst, ob es sich bei dem geplanten Outsourcing um einen Betriebsübergang nach § 613a BGB handelt. In diesem Fall tritt der neue Inhaber in die Rechte und Pflichten des zum Zeitpunkt des Übergangs bestehenden Arbeitsverhältnisses ein.

Sie sollten Ihre Mitarbeiter frühzeitig und klar über Ihr Vorhaben informieren und deutliches Engagement in Richtung neuer Arbeitsplätze für die Betroffenen zeigen. Damit können Sie drohende Arbeitsgerichtsverfahren verhindern. Im Folgenden werden verschiedene Möglichkeiten der Umsetzung bzw. Kündigung im Rahmen des Outsourcings aufgezeigt.

115. Outsourcing

- ❏ Vermittlung
    - Zustimmung des Mitarbeiters erforderlich
    - Zustimmung des externen Anbieters zur Übernahme erforderlich

- ❏ Versetzung in andere Abteilung
    - Zustimmung des Mitarbeiters *oder* arbeitsrechtliche Voraussetzungen durch entsprechende Regelungen im Arbeitsvertrag notwendig
    - § 99 BetrVG: Betriebsrat hat das Recht:
        - ❏ über die Auswirkungen der Maßnahme informiert zu werden
        - ❏ zuzustimmen
        - ❏ die Zustimmung zu verweigern, wenn die Maßnahme gegen ein Gesetz, eine Verordnung oder eine Bestimmung im Tarifvertrag oder der Betriebsvereinbarung verstoßen würde

- ❏ Änderungskündigung
    - Kündigung des bisherigen Arbeitsverhältnisses
    - Angebot eines neuen Arbeitsplatzes im selben Unternehmen zu neuen Konditionen

- ❏ Betriebsbedingte Kündigung
    - Schwer möglich bei Betriebsübergang
    - § 102 BetrVG: Betriebsrat hat das Recht
        - ❏ Kündigungsgründe zu erfahren
        - ❏ vor Ausspruch der Kündigung angehört zu werden
        - ❏ binnen einer Woche schriftlich Bedenken mitzuteilen
        - ❏ der Kündigung binnen einer Woche zu widersprechen, wenn soziale Gesichtspunkte nicht ausreichend berücksichtigt wurden, Weiterbildung nach Fortildung möglich ist oder aber der Arbeitnehmer in einer anderen Abteilung des Betriebes beschäftigt werden kann

115. Outsourcing *(Forts.)*

- Massenentlassungen (Anzeigepflicht nach § 17 KSchG)
  - § 1a KSchG: Abfindungsanspruch bei betriebsbedingter Kündigung
    Dieser Anspruch besteht von Seiten des Arbeitnehmers, wenn dieser nicht binnen drei Wochen gegen den Arbeitgeber aufgrund der Kündigung klagt.

❏ Interessenausgleich
Wenn durch das Outsourcing gravierende Nachteile für die Mitarbeiter entstehen, handelt es sich nach § 111 BetrVG um eine *Betriebsänderung*. In diesem Fall besitzt der Betriebsrat Unterrichtungs- und Beratungsrechte, kein Mitbestimmungsrecht (bei mehr als 20 Mitarbeitern). Dann sollte ein Interessenausgleich stattfinden:
  - Einigung mit Betriebsrat über Zeitpunkt, Umstände und Konditionen für die Betroffenen
  - Evtl. Vermittlung durch Präsident des Landesarbeitsamts
  - Wenn keine Einigung durch Landesarbeitsamt, dann Einigungsstelle
  - Evtl. Sozialplan zur Milderung der wirtschaftlichen Nachteile

Eigene Anmerkungen:

Personenbedingte Kündigung

Grundgedanke der personenbedingten Kündigung ist, dass dem Arbeitgeber eine weitere Fortsetzung des Arbeitsverhältnisses infolge von in der Person des Mitarbeiters begründeten Mängeln nicht mehr zugemutet werden kann.

Dementsprechend muss die personenbedingte Kündigung auf Gründen beruhen, die in den persönlichen Eigenschaften und Fähigkeiten des Mitarbeiters liegen. Auf ein Verschulden des Mitarbeiters (siehe verhaltensbedingte Kündigung) kommt es grundsätzlich nicht an.

Die Abgrenzung zwischen personen- und verhaltensbedingten Gründen ist oftmals nicht leicht. Im Zweifelsfall sollte sich die Kündigung deswegen vorsichtshalber sowohl auf personen- als auch auf verhaltensbedingte Gründe stützen.

Gilt das Kündigungsgesetz, müssen die folgenden Voraussetzungen für eine personenbedingte Kündigung erfüllt sein:

- ❏ Negative Zukunftsprognose
  Die Wahrscheinlichkeit ist hoch, dass der Mitarbeiter auch in naher Zukunft seinen Verpflichtungen nicht nachkommt.

- ❏ Beeinträchtigung betrieblicher Interessen

- ❏ Interessenabwägung
  Es werden sowohl Argumente zusammengetragen, die für den Mitarbeiter sprechen als auch Argumente, die für das Unternehmen sprechen. Diese Argumente müssen dann gegeneinander abgewogen werden. Folgende Aspekte können berücksichtigt werden:
  - die Dauer der Beschäftigung
  - Versetzbarkeit
  - die Möglichkeit von Umschulungsmaßnahmen oder Fortbildungsmaßnahmen
  - Alter und Familienstand
  - ungestörter Ablauf des bisherigen Arbeitsverhältnisses

- ❏ Kündigungsgrund

116. Personenbedingte Kündigung

Die folgenden Fallgruppen können Grund für eine personenbedingte Kündigung sein:

- ❏ Alkohol- und Drogenprobleme
  Es liegt kein Fehlverhalten (Missachtung des betrieblichen Alkoholverbots), sondern eine Suchterkrankung vor. Der Mitarbeiter kann nur dann gekündigt werden, wenn er sich der Aufforderung, sich einer Therapie zu unterziehen verweigert (Bedenkzeit eine Woche).

116. Personenbedingte Kündigung *(Forts.)*

- ❏ Fehlende Arbeitserlaubnis

- ❏ Bekleidung von Ehrenämtern
  Rechtfertigt nur dann eine personenbedingte Kündigung, wenn die Arbeitsleistung konkret beeinträchtigt wird.

- ❏ Fehlende Berufserlaubnis
  Zum Beispiel: Approbation bei Ärzten

- ❏ Mangelnde Eignung des Mitarbeiters
  Kann sich auf eine unzureichende fachliche Qualifikation, fehlende Kenntnisse im erlernten Beruf oder fehlender Qualifikationsnachweise stützen. Ursachen für persönliche Ungeeignetheit können charakterlichen oder gesundheitlichen Ursprungs sein.

- ❏ Krankheitsbedingte Kündigung (vgl. Checkliste 119)
  Dies ist der wichtigste Unterfall der personenbedingten Kündigung

- ❏ Inhaftierung
  Wirksam bei lang andauernder Untersuchungshaft und schwerwiegendem Tatverdacht sowie bei längerer Strafhaft

Eigene Anmerkungen:

Verhaltensbedingte Kündigung

Grundgedanke der verhaltensbedingten Kündigung ist, dass dem Arbeitgeber eine Weiterführung des Arbeitsverhältnisses nicht zuzumuten ist, wenn Mitarbeiter durch ihr Verhalten arbeitsvertragliche Verpflichtungen verletzen.

Voraussetzungen für eine wirksame verhaltensbedingte Kündigung sind:

- ❏ Wiederholungsgefahr

- ❏ vorausgegangene Abmahnungen

- ❏ Interessenabwägung fällt zu Gunsten des Arbeitnehmers aus
  Bei der sorgfältigen Interssenabwägung sind im Einzelfall zu berücksichtigen:
    - die Schwere der Verletzungshandlung
    - die Häufigkeit ihres Auftretens
    - das Vorverhalten des Arbeitnehmers
    - ein eventuelles Mitverschulden der Arbeitgeberseite
    - die Dauer der Betriebszugehörigkeit
    - das Lebensalter
    - die Möglichkeit einer Versetzung

- ❏ Prüfung des Kündigungsgrundes
  Es liegt ein rechtswidriges und schuldhaftes Verhalten vor (s.u.)

117. Verhaltensbedingte Kündigung

Die folgenden Fallgruppen können Grund für eine verhaltensbedingte Kündigung sein:

- ❏ Alkohol
  Der wiederholte Verstoß gegen ein betriebliches Alkoholverbot kann nach Abmahnung eine verhaltensbedingte Kündigung rechtfertigen.

- ❏ Anzeigen
  Strafanzeigen zum Zweck der Schädigung des Arbeitgebers oder haltlose Anzeigen rechtfertigen grundsätzlich eine verhaltensbedingte Kündigung. Ist die Anzeige jedoch objektiv gerechtfertigt, ist eine Kündigung unwirksam.

- ❏ (Fehlende) Arbeitsunfähigkeitsbescheinigung im Krankheitsfall
  Wiederholtes Nichteinreichen der Arbeitsunfähigkeitsbescheinigung gemäß der Anzeige- und Mitteilungspflicht kann nach entsprechender Abmahnung Grund für eine verhaltensbedingte Kündigung sein.

117. Verhaltensbedingte Kündigung *(Forts.)*

- Arbeitsverweigerung
  Verweigerung einer Arbeitsleistung, auf die der Arbeitgeber Anspruch hat. Diese Leistungen müssen im Arbeitsvertrag festgeschrieben sein.

- Ausländerfeindlichkeit
  Abmahnungen sind in jedem Fall ratsam. Abmahnungspflichtig sind jugendliche Mitarbeiter und Azubis, die noch erkennbar unreif sind.

- Beleidigungen
  Beleidigungen von Vorgesetzten können eine Kündigung nach sich ziehen. Dabei sind Art und Weise sowie der Hintergrund der Beleidigung zu berücksichtigen.

- Eigenmächtiger Urlaubsantritt bzw. unerlaubtes Fernbleiben
  Erscheint Ihr Mitarbeiter unbegründet bzw. unentschuldigt nicht zur Arbeit (verspätet sich, verlässt unbefugt den Arbeitsplatz) ist dies nach Abmahnung ein Kündigungsgrund.

- Erhebliche Schlechtleistung
  Liegt vor, wenn die Arbeitsleistung mindestens 25–50% schlechter ist als die der anderen Mitarbeiter und die Arbeit gemäß der möglichen Fähigkeiten nicht ordnungsgemäß verrichtet wird.

- Krankheitsandrohung
  Androhung von Krankmeldungen rechtfertigen regelmäßig verhaltensbedingte Kündigung.

- Lohnpfändung
  Lohnpfändungen können nur ausnahmsweise eine verhaltensbedingte Kündigung rechtfertigen, wenn hierdurch der betriebliche Ablauf erheblich gestört wird.

- (Unerlaubte) Nebentätigkeit
  Der wiederholte Verstoß gegen ein Nebentätigkeitsverbot kann nach vorheriger Abmahnung eine verhaltensbedingte Kündigung rechtfertigen.

- Straftaten
  Begeht ein Mitarbeiter im Betrieb Straftaten, so zerstört er das Vertrauensverhältnis zum Arbeitgeber und rechtfertigt damit eine verhaltensbedingte Kündigung ohne vorherige Abmahnung. Folgende Straftaten rechtfertigen eine Kündigung:
  - Betrug bei der Stundenabrechnung
  - Betrug bei der Spesenabrechnung
  - Falsche Krankmeldung
  - Diebstahl zum Nachteil des Arbeitgebers
  - Überschreitung einer durch den Arbeitgeber erteilte Vollmacht
  - Tätlichkeiten
  - Sexuelle Belästigung

117. Verhaltensbedingte Kündigung *(Forts.)*

- [ ] Telefonate
  Unerlaubte private Ferngespräche können eine verhaltensbedingte Kündigung begründen

- [ ] Verstoß gegen den Datenschutz
  Nach erfolgloser Abmahnung kann ein Verstoß gegen datenschutzrechtliche Bestimmungen eine verhaltensbedingte Kündigung nach sich ziehen.

- [ ] Verstoß gegen Rauchverbot
  Bei Verstoß gegen das Rauchverbot trotz wiederholter Abmahnungen ist eine verhaltensbedingte Kündigung gerechtfertigt, wenn es aus betrieblichen Gründen, wie z.B. zum Schutz der nichtrauchenden Kollegen, erforderlich ist.

Eigene Anmerkungen:

Außerordentliche Kündigung

Grundgedanke der außerordentlichen Kündigung durch den Arbeitgeber ist, dass diesem die Fortführung des Arbeitsverhältnisses unter keinen Umständen länger zugemutet werden kann.

Dies ist nur bei Vorliegen eines wichtigen Grundes der Fall, der es rechtfertigt, dass der Mitarbeiter mit sofortiger Wirkung ohne Einhaltung einer Kündigungsfrist aus dem Arbeitsverhältnis entlassen werden kann (schwere Vertragsverletzung).

Mit Ausnahme von Berufsausbildungsverhältnissen muss der Grund in der Kündigung nicht angegeben werden. Der Mitarbeiter hat jedoch nach Erhalt der Kündigung Anspruch auf Mitteilung der Kündigungsgründe, ansonsten drohen Schadensersatzansprüche.

118. Außerordentliche Kündigung

Voraussetzungen für eine außerordentliche Kündigung sind:

- das Vorliegen eines wichtigen Kündigungsgrundes
- ggf. vorherige Anhörung (insbes. Verdachtskündigung) des Mitarbeiters bzw. Abmahnung, sofern erforderlich
- Zustellung der Kündigung innerhalb der Zwei-Wochen-Ausschlussfrist (am sichersten durch Boten)
- Unzumutbarkeit der Fortsetzung des Arbeitsverhältnisses nach Abwägung der Interessen von Arbeitnehmer und Arbeitgeber
- Interessenkonflikt durch kein milderes Mittel behebbar (außerordentliche Kündigung ist die ultima ratio)

Wesentliche, von der Rechtsprechung entschiedene Fallgruppen zur außerordentlichen Kündigung sind:

- Wettbewerb durch Mitarbeiter
- Verdachtskündigung
  Wenn bereits der Verdacht einer schweren Verletzung der arbeitsrechtlichen Pflichten das zur Fortsetzung des Arbeitsverhältnisses notwendige Vertrauen zerstört hat
- Fehlzeiten
  Nur wirksam, wenn erheblicher Beharrlichkeitsgrad erreicht wird
- Krankheit
  Nur wirksam, wenn besonders ekelerregend bzw. ansteckend oder wenn die Krankheit als Druckmittel gegenüber dem Arbeitgeber eingesetzt wird

118. Außerordentliche Kündigung *(Forts.)*

- [ ] Straftaten

- [ ] Eigenmächtige Urlaubnahme

- [ ] Verletzung der Verschwiegenheitspflicht
  Nur wirksam, sofern schwerwiegend

- [ ] Schlechte Leistungen
  Grundsätzlich unwirksam

- [ ] Beleidigung
  Nur bei groben Beleidigungen wirksam

- [ ] Abwerbungshandlungen
  Regelmäßig wirksam

- [ ] Anzeigen gegen den Arbeitgeber
  Regelmäßig wirksam, sofern der Arbeitgeber keine schweren Straftaten begangen hat

- [ ] Arbeitsverweigerung
  Bei nachhaltiger Arbeitsverweigerung regelmäßig wirksam

Eigene Anmerkungen:

119. Krankheitsbedingte Kündigung

Wirksam, wenn aufgrund der zu erwartenden krankheitsbedingten Ausfallzeiten substanzielle betriebliche Störungen oder wirtschaftliche Belastungen zu erwarten sind, die für den Arbeitgeber unzumutbar sind. Maßgeblich für die Prognoseentscheidung sind die objektiven Verhältnisse im Zeitpunkt des Zugangs der Kündigungserklärung. Sofern ein Werksarzt zur Verfügung steht, sollte seine Einschätzung eingeholt werden.

- ❏ Bei häufigen Kurzerkrankungen
    - Überdurchschnittlich hoher Krankheitsstand in der Vergangenheit (Richtwert: 15%); Schwangerschaftszeiten fallen nicht darunter (Darlegungs- und Beweislast auf Arbeitgeberseite)
    - Indiziert überdurchschnittlich hoher Krankheitsstand für die Zukunft (Der Arbeitnehmer hat das Gegenteil darzulegen.)
    - Dadurch erhebliche wirtschaftliche Belastungen
        - Zusätzliche Zahlungen für Ersatzkräfte
        - Überstundenvergütungen für andere Mitarbeiter

- ❏ Bei betrieblichen Störungen
    - Erheblicher Arbeitsaufwand bei Beschaffung von Ersatzkräften
    - Erhebliche Erschwerung der Personalplanung
    - Maschinenstillstände und Produktionsausfälle
    - Erheblicher Mehraufwand durch Neuverteilung der Arbeit
    - Negative Auswirkungen auf das Betriebsklima insgesamt
    (Darlegungs- und Beweislast auf Arbeitgeberseite)

- ❏ Bei lang anhaltender Krankheit
    - Mitarbeiter seit längerem arbeitsunfähig
    - Zu rechnen mit längerfristiger Fortdauer der Arbeitsunfähigkeit
    - Dadurch erhebliche wirtschaftliche Belastungen oder betriebliche Störungen

- ❏ Folgen dieser Belastungen für den Arbeitgeber unzumutbar; Interessenabwägung unter spezifischer Berücksichtigung von
    - Alter
    - Familienstand
    - Grund der Krankheit (Betriebsunfall?)

Eigene Anmerkungen:

120. Erster Check zur Senkung der Personalkosten

Flexible Beschäftigungsstrukturen

- ❏ Maßnahmen zur Personalreduzierung durchführen
- ❏ Überstunden abbauen
- ❏ Vorübergehende Mehrarbeit mithilfe von Überstunden, Aushilfskräften oder befristeten Arbeitsverträgen bewältigen
- ❏ Beförderungsstopp durchsetzen
- ❏ Bei frei werdenden Stellen prüfen, ob eine Neubesetzung unbedingt erforderlich ist
- ❏ Beim Ausscheiden älterer, besser verdienender Mitarbeiter jüngere Mitarbeiter einstellen, die geringere Personalkosten verursachen (geringerer Krankenstand, altersbedingt niedrigere Gehälter)

Mitarbeiter fördern

- ❏ Zielorientierte, auf die Anforderungen zugeschnittene Personalentwicklung planen
- ❏ Evtl. innerbetriebliche Weiterbildung durchführen, um die Abwesenheitszeiten vom Arbeitsplatz zu reduzieren
- ❏ Mitarbeitergespräche führen: zur Leistungsbeurteilung, zur Potenzialeinschätzung, zur Förderung, bei Rückkehr nach Krankheit
- ❏ Personaleinsatz sorgfältig planen anhand Stellenbeschreibung, Anforderungsprofil, Eignungsprofil (Über- und Unterforderung vermeiden)

Vergütung anpassen

- ❏ Leistungsorientiertes Lohnsystem einführen
- ❏ Flexible Arbeitszeiten: mehr Leistungsstunden im Verhältnis zu bezahlten Arbeitsstunden
- ❏ Gehaltserhöhungen aussetzen, stattdessen einmalige Zahlungen vornehmen
- ❏ Unangemessene Sozialleistungen abbauen (mit mehrmaligen vorbehaltlosen Zahlungen vorsichtig umgehen, da aus diesen ein Leistungsanspruch werden kann)
- ❏ Tariflohnerhöhungen auf vorher unter Widerrufsvorbehalt gezahlte Zulagen anrechnen

120. Erster Check zur Senkung der Personalkosten *(Forts.)*

- ❏ Kostenneutrale Beförderungen vornehmen (Beförderungen auf die jeweils frei werdende höhere Position mit Senkung des ursprünglichen Gehalts dieser Position)

Kosten senken durch

- ❏ Kostengünstigeres Auslagern von Aufgaben erwägen (Outsourcing)
- ❏ Bei Neueinstellungen oder Umschulungen evtl. öffentliche Fördermittel beantragen
- ❏ Alle zwei Jahre eine Gemeinkosten- und Geschäftsprozessanalyse durchführen, um die Effizienz der Arbeitsabläufe und Aufgabenverteilung zu überprüfen

Bei all diesen Maßnahmen gilt es zu bedenken, dass ein Unternehmen motivierte und loyale Mitarbeiter braucht, um erfolgreich sein zu können. Über viele der oben genannten Maßnahmen werden Ihre Mitarbeiter nicht erfreut sein. Auch müssen Sie die rechtlich gesicherten Mitarbeiteransprüche beachten. Im Umgang mit diesen Maßnahmen ist dementsprechend Vorsicht geboten, um nicht indirekt durch unzufriedene Mitarbeiter den Unternehmenserfolg zu gefährden.

Eigene Anmerkungen

Aufgaben des Personalwesens

Das Kostensparpotenzial:

Die Aufgaben des Personalwesens ändern sich ständig – nicht zuletzt in direkter Abhängigkeit vom Arbeitskräftemarkt. Hier ist es wichtig, dass Sie sich den Standort Ihres Unternehmens genau vor Augen führen. Prüfen Sie die derzeitige Aufgabenerfüllung daraufhin, ob sie erstens im Moment in der tatsächlichen Intensität notwendig ist, aber vor allem auch daraufhin, ob Sie für zukünftige Aufgaben neue Weichenstellungen vornehmen müssen und welcher Handlungsbedarf sich unmittelbar und mittelbar für Ihr Unternehmen ergibt.

121. Rangfolge der Aufgaben im Personalwesen

Personalaufgaben	Wichtigkeit unwichtig (0) – sehr wichtig (10)	aktuell	in unmittelbarer Zukunft	in mittelbarer Zukunft	auf Dauer
Zusammenarbeit mit dem Betriebsrat					
Personalauswahl					
Outsourcing					
Lohn- und Gehaltspolitik					
Personalbeschaffung					
Personalentwicklung					
Personalbetreuung					
Freiwillige betriebliche Sozialleistungen					
Personalplanung					
Personalbeurteilung					
Aktivierung der Mitarbeiter					
Personalinformationssysteme					

Notwendige Ausbildung der in der Personalwirtschaft eingesetzten Mitarbeiter

Das Kostensparpotenzial:

Die Qualitätsanforderungen an Personalfachkräfte sind heute besonders hoch. Der Anteil der Akademiker unter ihnen nimmt beständig zu. Dabei stellt sich nun die Frage, welcher Bildungsgrad für die einzelnen Personalaufgaben notwendig und sinnvoll ist. Zudem kann geprüft werden, wie viele Mitarbeiter im Personalbereich eingesetzt werden sollen und inwiefern sich die unterschiedlichen Ausbildungsgrade ergänzen.

Die Zahl der Mitarbeiter im Personalbereich eines Unternehmens kann je nach Priorität stark variieren. Üblicherweise wird empfohlen, einen Personalverantwortlichen für 130-150 Mitarbeiter zu beschäftigen.

122. Feststellung des notwendigen Bildungsgrades der Personalverantwortlichen

Bildungsgrad / Personalaufgaben	Formelle Qualifikation (Abschluss/ Titel) notwendig	Universität	Fachhochschule	Berufsakademie	Lehrberuf	Turnus der notwendigen Weiterbildung (Monat/ Quartal/ Halbjahr/ Jahr/fallbezogen)
Personaladministration						
Personalorganisation						
Arbeitsorganisation						
Personalbeschaffung						
Personalauswahl						

122. Feststellung des notwendigen Bildungsgrades der Personalverantwortlichen *(Forts.)*

Bildungs-grad \ Personal-aufgaben	Formelle Qualifikation (Abschluss/ Titel) notwendig	Universität	Fachhoch-schule	Berufs-akademie	Lehrberuf	Turnus der notwendigen Weiterbildung (Monat/ Quartal/ Halbjahr/ Jahr/fall-bezogen)
Personal-einsatz						
Personal-planung						
Personal-controlling						
Entgelt-politik						
Arbeits-rechts-beratung						
Personalan-gelegenhei-ten leitender Angestellter						
Zusammen-arbeit mit Betriebsrat						
Personal-entwick-lungspla-nung						
Ausbildung						

122. Feststellung des notwendigen Bildungsgrades der Personalverantwortlichen *(Forts.)*

Bildungsgrad / Personalaufgaben	Formelle Qualifikation (Abschluss/ Titel) notwendig	Universität	Fachhochschule	Berufsakademie	Lehrberuf	Turnus der notwendigen Weiterbildung (Monat/ Quartal/ Halbjahr/ Jahr/fallbezogen)
Weiterentwicklung						
Organisationsentwicklung						
Sozialwirtschaft und allgemeine Dienste						
Sicherheit und Ergonomie						
Betriebsärztlicher Dienst						
Vorschlagswesen						
Sozialeinrichtungen						
Personalinformationen						
Personalpolitische Öffentlichkeitsarbeit						

Bedarfsanalyse für Personalaufgaben

Das Kostensparpotenzial

In nahezu jeder Organisation, die mit Personalaufgaben betraut ist, sind verdeckte Kosten von nicht unerheblichen Ausmaßen aufzuspüren: Sei es, dass bestimmte Aufgabenfelder unterbesetzt, oder sei es, dass andere Aufgabenfelder überoptimiert sind.

Es gilt, die verdeckten Kostennester zu finden und auszuheben.

123. Tatsächlicher Optimierungsbedarf von Personalaufgaben

Personalaufgaben / Derzeitiger Stand	zunehmender Optimierungsbedarf 0 — 4	optimal 5	zunehmender Abbaubedarf 6 — 10
Vergütung			
Entgeltabrechnung			
Allgemeine Entgeltpolitik			
Ausgestaltung und Anwendung von Tarifverträgen und Betriebsvereinbarungen			
Vergütung von leitenden Angestellten			
Recruiting und Personaleinsatz			
Stellenbeschreibung			
Personalrecruiting			
Personaleinsatz			
Personalbedarfsermittlung			
Einstellung von leitenden Angestellten			

123. Tatsächlicher Optimierungsbedarf von Personalaufgaben *(Forts.)*

Personalaufgaben \ Derzeitiger Stand	zunehmender Optimierungsbedarf 0 — 4	optimal 5	zunehmender Abbaubedarf 6 — 10
Anforderungsprofilerstellung			
Nachfolgeplanung			
Betreuung von Führungsnachwuchs			
Praktikanteneinsatz			
Einsatz von Werkstudenten			
Optimierung der Arbeitsgestaltung			
Personalkostenplanung			
Personalkostenkontrolle			
Arbeitszeitgestaltung			
Ablauf- und Aufbauorganisation			
Bewertung/ Beurteilung			
Arbeitsbewertung			
Festlegung von Leistungskomponenten			
Entwicklung von Beurteilungssystemen			
Bewertung und Prämienfindung			

123. Tatsächlicher Optimierungsbedarf von Personalaufgaben *(Forts.)*

Personalaufgaben \ Derzeitiger Stand	zunehmender Optimierungsbedarf 0 ←—— 4	optimal 5	zunehmender Abbaubedarf 6 ——→ 10
Umsetzung verschiedener Gesetze			
Arbeitsgesetze			
Betriebsverfassungsrecht			
Tarifrecht			
Sozialrecht			
Umweltrichtlinien			
Datenschutzbeauftragter			
Personalentwicklung			
Weiterbildungsbedarfsanalyse			
Weiterbildungsplanung			
Durchführung von Weiterbildungsveranstaltungen			
Weiterbildung am Arbeitsplatz			
Schulung der Sicherheitskräfte			
Gestaltung der Räumlichkeiten			
Kantinen			
Pausenräume			
Sanitäre Anlagen			

123. Tatsächlicher Optimierungsbedarf von Personalaufgaben *(Forts.)*

Personalaufgaben \ Derzeitiger Stand	zunehmender Optimierungsbedarf 0 — 4	optimal 5	zunehmender Abbaubedarf 6 — 10
Werkschutz			
Betriebsärztlicher Dienst			
Erste Hilfe			
Unfallverhütung			
Betriebliches Vorschlagswesen			
Zugangskontrollen			
Personelle (z.B. Mitarbeiter, Besucher)			
In Ausnahmensituationen (z.B. Baumaßnahmen)			
Sachliche (z.B. Müll)			
Organisation von Freizeitaktivitäten			
Personalpolitische Öffentlichkeitsarbeit			
Interne Kommunikationsstruktur (z.B. Firmenzeitung, Intranet)			
Berichtswesen			
Personalinformationssystem			

124. Lohn-/Gehaltsnebenkosten – Möglichkeiten der Kostenreduzierung

	nein	indirekt ja	direkt ja	Mögliches Kostensparvolumen
Gesetzliche/ tarifvertragliche Verordnungen				
Arbeitgeberbeiträge zur Sozialversicherung (Kranken-, Renten-, Arbeitslosenversicherung)				
Lohnfortzahlung bei Krankheit				
Schwerbeschädigtenabgabe				
Abgaben für die Berufsgenossenschaft (gesetzliche Unfallversicherung)				
Urlaubslohn				
Urlaubsgeld				
Feiertagslohn				
Mutterschaftsgeld				
Freiwillige Lohnnebenkosten (teilw. auch gesetzlich bzw. tarifvertraglich geregelt)				
Weihnachtsgratifikation				

124. Lohn-/Gehaltsnebenkosten – Möglichkeiten der Kostenreduzierung
(Forts.)

	nein	indirekt ja	direkt ja	Mögliches Kostensparvolumen
Arbeitgeberanteil zur vermögenswirksamen Leistung				
Essenszuschuss				
Berufskleidung				
Fahrgeldzuschuss				
Fort- und Weiterbildung				
Pensions-/Altersvorsorge				
Personalwerbung				
Umzugsvergütungen				
Abfindungen				
Sonstige Personalnebenkosten				

Eigene Anmerkungen:

VIII.
Vertrieb

Optimaler Vertriebsweg

Das Kostensparpotenzial:

Wer für seine Produkte den optimalen Vertriebsweg wählt, darf die hergestellten oder vertriebenen Produkte vertriebspolitisch nicht über einen Kamm scheren. Der optimale Vertriebsweg ist nicht immer der billigste Vertriebsweg! So kann beispielsweise das Kostensparen im Vertrieb durch den Wechsel von Außendienstmitarbeitern zum Versand bei erklärungsbedürftigen Produkten dazu führen, dass die Reklamationen oder die Rücksendequote enorm ansteigen. Gerade beim Vertrieb ist also sinnvolles Kostensparen anstatt kurzsichtiges Geldsparen angesagt.

125. Optimaler Vertriebsweg Produkt 1, ...

	Versand	Außendienst	Zwischen-lieferanten	Auslieferer
Beratungsintensität (erklärungs-/nicht erklärungsbedürftig)				
Werbeaufwand (Fach-/Massenmedien, Messen usw.)				
Handling (transportabel/schwer transportabel)				
Umschlagsgeschwindigkeit (gering/hoch)				
Sortimentsumfang (Einzelprodukte/Produktfamilien)				
Modeabhängigkeit (kurz-/langfristig absetzbar)				
Logistik (zentrale oder regionale Auslieferung)				
Service (intensiv/nicht intensiv)				

Controlling Vertriebskosten/Verkaufsnebenkosten

Das Kostensparpotenzial:

Vertriebskosten dürfen Sie nicht in die Herstellungskosten miteinbeziehen. Wenn sie entstehen, mindern sie in der Gewinn- und Verlustrechnung sofort als Aufwand Ihren Ertrag.

Zu den Vertriebskosten oder Verkaufsnebenkosten gehört alles, was in Ihrem Unternehmen notwendig ist – oder für notwendig erachtet wird –, um die Ware so zum Kunden bzw. Abnehmer gelangen zu lassen, dass sie dort funktionsfähig und im gewünschten Zustand ankommt.

Welche konkreten Vertriebskosten oder Verkaufsnebenkosten in Ihrem Unternehmen entstehen, hängt natürlich maßgeblich davon ab, welche Produkte Sie herstellen, mit welchen Waren Sie handeln und ob Ihre Kunden die Produkte und/oder Waren bei Ihnen direkt beziehen bzw. Sie sie zum Kunden bringen müssen.

Ansätze zum Kostensparen:

❑ Überprüfen, ob Umverpackungen notwendig sind
❑ Überprüfen, ob spezielle Materialien zur Umverpackung notwendig sind
❑ Abgeschlossene Versicherungen überprüfen
❑ Outsourcing von Transportleistungen
❑ Outsourcing von Verpackungsarbeiten
❑ Outsourcing von Versendungsarbeiten (Lettershops, ...)

126. Planung Vertriebskosten/Verkaufsnebenkosten

Titel	Vorjahr	1. Quartal Ist/Plan/ Differenz	2. Quartal Ist/Plan/ Differenz	3. Quartal Ist/Plan/ Differenz	4. Quartal Ist/Plan/ Differenz	Summe Ist/Plan/ Differenz
Verpackung						
Ausgangs-frachten						
Provisionen						
Fremd-arbeiten						
Miete Spezialtrans-portmittel						

126. Planung Vertriebskosten/Verkaufsnebenkosten *(Forts.)*

Titel	Vorjahr	1. Quartal Ist/Plan/ Differenz	2. Quartal Ist/Plan/ Differenz	3. Quartal Ist/Plan/ Differenz	4. Quartal Ist/Plan/ Differenz	Summe Ist/Plan/ Differenz
Gewähr- leistung						
Transport- versicherung						
Zoll						
Maut						
Sonstiges						

Eigene Anmerkungen:

Kosten der Lagerhaltung

Das Kostensparpotenzial:

Nur wenige Unternehmen kommen völlig ohne Lager aus. Die Frage ist aber immer, wie groß das Lager tatsächlich sein muss und welche Gegenstände durch die Lagerung eher verlieren, als dass sie durch ihre ständige Verfügungsbereitschaft gewinnen.

Hier ist also ganz klar abzuwägen, erstens wo die Läger sind, welche Standortnähe sie zu welchen Produktionsstätten, Zulieferern oder Abnehmern brauchen, und zweitens, welche Güter auf welche Läger genommen werden.

127. Lagerhaltungskosten

	Lager 1	Lager 2	Lager 3	...
Lager-Raumkosten				
Miete				
Klimatisierung				
Heizung				
Strom				
Gas				
Wasser				
Reinigung				
Bewachung				
Produktabhängige Sondereinrichtungen				
Abschreibung				
Verzinsung des eingesetzten Kapitals				
Reparaturen				

127. Lagerhaltungskosten *(Forts.)*

	Lager 1	**Lager 2**	**Lager 3**	**...**
Lagerungskosten				
Versicherungsprämien				
Zinskosten für Lagergüter				
Kalkulatorische Wagnisse				
Löhne				
Gehälter				
Sozialaufwendungen				
Büromaterial der Lagerverwaltung				

Eigene Anmerkungen:

Risiken der Lagerhaltung

Das Kostensparpotenzial:

Es sind nicht nur die direkt durch die Lagerung entstehenden Kosten, die die Lagerung als solche oft zu teuer machen. Wesentlich häufiger dagegen müssen Unternehmen ihre Preise senken, um die Läger zu räumen oder weil die Qualität des gelagerten Produkts sich verschlechtert hat. Diese Erlösminderungen sind auch in die „Kostenrechnung" miteinzubeziehen – und natürlich, wo möglich, zu vermeiden.

128. Lagerhaltung Erlösminderungsanalyse

	Vorjahres-Kosten	Ist-Kosten	Plan-Kosten	Unterschied
Alterung				
Verderb				
Schwund				
Diebstahl				
Technischer Fortschritt				
Modewandel				
Kapitalbindung für preisgeminderte Produkte				
Zinsen für preisgeminderte Produkte				

Eigene Anmerkungen:

- -

- -

- -

- -

129. Maßnahmen zur Minderung der Lagerkosten

	muss	soll	kann	nein
Höchstbestände angeben				
Meldebestände einführen				
Kauf auf Abruf vereinbaren				
Einkäufe genauer planen				
Marketingmaßnahmen verbessern				
Sortiment straffen				
Umschlagshäufigkeit für einzelne Produkte berechnen				

130. Absatz-/Umsatzentwicklung

❑ ABC-Analyse der Deckungsbeiträge
 Hinweise auf gefährliche Deckungsbeitragskonzentrationen. Mit 20% der Artikel werden oft 80% der Deckungsbeiträge erreicht.

❑ ABC-Analyse des Produktprogramms
 Hinweise auf gefährliche Umsatzkonzentration bzw. mögliche Programmbereinigung. Auch hier gilt oft das 80:20-Prinzip.

❑ Auftragsbestandsentwicklung
 Hinweise über die kurzfristige Umsatzentwicklung zur rechtzeitigen Einstellung auf neue Situationen

❑ Kosten nach Kundengruppen
 Hinweise auf Schwächen in der Produktion bestimmter Artikel

❑ Kostenanteile nach Gebieten
 Ermittlung von regionalen Schwachstellen um festzustellen, ob Kostenintensität mit dem Gebietsvolumen des Marktes übereinstimmt

130. Absatz-/Umsatzentwicklung *(Forts.)*

- ❏ Entwicklung der Kundenzahl
  Feststellung von Kundenverlusten bzw. Analyse, ob Kundenkonzentrationen in den Verkaufsgebieten vorhanden sind

- ❏ ABC-Analyse der Kunden
  Hinweise auf eine gefährliche Konzentration bzw. eine notwendige Kundenbereinigung

- ❏ Deckungsbeiträge nach Kunden
  Hinweise auf die Rentabilität verschiedener Kundenklassen und Erkennung der betriebswirtschaftlich optimalen Kundengröße

- ❏ Kundenpotenzialanalyse
  Identifikation von Aufbaukunden: Hinweis, wie gut die Potenzialausschöpfung pro Kunde ist, evtl. Anregungen für weiteren Bedarf der Kunden

- ❏ Entwicklung der Auftragsgröße
  Hinweise auf Änderungen im Bestellverhalten bzw. der Bedarfsstruktur der Kunden und in der eigenen Marktbearbeitungseffizienz

- ❏ Anteil der kostenintensiven Kunden
  Hinweise auf Kundenbereinigungsprogramme

- ❏ Entwicklung der Kostenverteilung Alt- und Neukunden
  Hinweise auf Entwicklungen im Käuferverhalten

- ❏ Kostenanteil verschiedener Kunden in Bezug auf deren Gesamtbedarf
  Hinweise auf mögliche kritische Situationen bei Kunden

- ❏ Rabattanalyse
  Hinweise auf die zukünftige Gestaltung der Rabattpolitik

- ❏ Zahlungs- und Lieferbedingungen
  Hinweise auf die Konditionengestaltung

- ❏ Werbekostenanalyse
  Hinweise auf die zukünftige Werbestrategie

Eigene Anmerkungen:

IX.

EDV, Medien und Kommunikation

Auswahlkriterien für ein EDV-System

Das Kostensparpotenzial:

Der alte Witz, dass es drei Wege gibt, ein Unternehmen zu ruinieren, und die EDV von den dreien der sicherste sei, hat zwar keinen so dramatischen, aber doch einen recht realen Hintergrund.

Deshalb ist es wichtig, bei der Auswahl von EDV-Systemen äußerst vorsichtig ans Werk zu gehen. Denn sonst schießen nicht nur die Investitions- und Personalkosten, sondern vor allem auch die Folgekosten „ins Kraut".

Ein EDV-System sollte immer in Stufen eingeführt werden. Systeme, die eine Totalumstellung erfordern, sollten Sie mit Misstrauen betrachten. Eine Einführung in Stufen dagegen gewährleistet auf der einen Seite, dass notwendige Schulungen mit dem Einführungsprozeß Schritt halten. Zum anderen wirken sich Probleme bei der Einführung nur auf Teilbereiche aus – die Lieferfirma kann nachbessern und Sie optimieren das Produkt, das Sie letztendlich insgesamt erhalten.

Aufpassen müssen Sie, dass nicht Ihr Betrieb für die EDV, sondern ganz klar die EDV für Ihren Betrieb da ist. Es darf also nicht sein, dass das System eine bestimmte Organisation verlangt.

131. EDV-System-Auswahlkriterien

	ja	nein
Ausgewählte Systeme unterstützen und erfüllen die fachlichen Anforderungen.		
Das System ist den Aufgaben angemessen.		
Systemabläufe sind transparent.		
Bei Vernetzung können differenzierte Zugriffsrechte eingerichtet werden.		
Auch bei Vernetzung sind die einzelnen Bildschirmmasken den jeweiligen Bearbeitungsfunktionen angepasst.		
Eingabe und Änderung von Daten sind zentralisiert.		
Zentraldaten sind vor unberechtigten Änderungen und Zugriffen geschützt.		
System umfasst nur gewollte Kontrollfunktionen.		
Angebotene, aber unerwünschte Kontrollfunktionen können dauerhaft ausgeschaltet werden.		
Personenbezogene Daten der Beschäftigten sind geschützt.		

131. EDV-System-Auswahlkriterien *(Forts.)*

	ja	nein
Personal- und Kundendaten sind strikt getrennt.		
Vertraulichkeit der Daten ist auch bei ungewolltem oder unberechtigtem Zugriff gewährleistet.		
System ist ausfallsicher.		
System ist wartbar.		
System ist steuerbar.		
Betriebsnotwendige Anpassungen können von eigenem Personal vorgenommen werden.		
Qualifizierte Hilfestellung vor Ort kann gegeben werden.		
Betriebliche Systemanpassungen werden auch in neue Versionen übernommen.		
Einführung des Systems kann in Stufen erfolgen.		
System kann an die vorhandene Organisationsstruktur angepasst werden.		

Eigene Anmerkungen:

132. Desktop-Betriebssystem

Leistungs-merkmal	Erläuterung	Hinweis	Eigene Anforderung
Windows oder Linux	Beim Einsatz konventioneller PC-Hardware reduziert sich die Auswahl bei Desktop-Betriebssystemen weitgehend auf die Alternative Windows vs. Linux. Andere Möglichkeiten gibt es nicht, abgesehen von Mac OS, das jedoch ausschließlich auf den Apple-Rechnern läuft. Windows besitzt derzeit annähernd ein vollkommenes Monopol, nur verschwindend wenige Anwender nutzen Linux, allerdings wird dieses Betriebssystem für immer mehr Anwender zu einer möglichen Alternative. Beide Betriebssysteme stehen für grundverschiedene Softwareformen: auf der einen Seite das kommerzielle Produkt von Microsoft, dessen Geheimnisse allein das Unternehmen kennt, auf der anderen Seite die Open Source Software, die von zahlreichen Entwicklern weltweit weiterentwickelt und allen Interessierten gratis angeboten wird.	Obwohl Linux als Open Source Software gratis angeboten wird, werden die meisten Anwender über kostenpflichtige Linux-Pakete, die so genannten Distributionen, mit dem Betriebssystem in Berührung kommen. In diesen Sammlungen sind neben dem eigentlichen Betriebssystem auch zahlreiche Anwendungsprogramme und Tools enthalten, mit denen die Nutzer bereits ein weitgehend komplettes System nutzen können. Programme für Linux sind i.d.R. ebenfalls als Open Source kostenfrei erhältlich. Bestandteil der Distributionen ist neben einer Dokumentation auch der Support durch die anbietenden Unternehmen.	
Hardware-voraussetzungen	Linux-Systeme stellen i.d.R. deutlich geringere Systemanforderungen an die Rechner-Hardware als Windows. Allerdings haben sich in der letzten Zeit auch die Ansprüche bei Linux etwas erhöht. Für ein schnelles Arbeiten sollte man daher keinen zu alten bzw. leistungsschwachen Rechner verwenden.	Die von den Anbietern genannten Mindestvoraussetzungen sollten wirklich als die absolute Minimalanforderung an die Hardware angesehen werden. Um mit den Betriebssystemen schnell und komfortabel zu arbeiten, werden zumeist deutlich bessere Systemkomponenten vorausgesetzt.	

132. Desktop-Betriebssystem *(Forts.)*

Leistungs-merkmal	Erläuterung	Hinweis	Eigene Anforderung
Software-angebot	Das Softwareangebot für Windows-Plattformen bleibt nach wie vor unerreicht, auch wenn es für Linux inzwischen ebenfalls ein recht beachtliches Angebot gibt. Vor allem haben Windows-Anwender bei einzelnen Software-*Kategorien* eine wesentlich größere Auswahl als bei Linux. Hier gibt es zwar für die meisten Anwendungsbereiche ebenfalls Programme, häufig werden jedoch nur ein oder zwei in einer Kategorie angeboten. Bei einigen Anwendungen, etwa der professionellen Bildbearbeitung, Grafik- und DTP-Programmen, muss Linux sogar „passen".	Um unter Linux auch Windows-Anwendungen nutzen zu können, gibt es eine Art Emulator namens Wine, der dies zumindest für einige Anwendungen ohne größere Einschränkungen möglich macht. Linux-Anwendungen sind dagegen als Open-Source-Programme i.d.R. kostenfrei nutzbar, in den meisten großen Distributionen sind die wichtigsten Anwendungen zudem bereits enthalten.	
Hardware-angebot	Vorteile besitzt Windows, wenn es um den Anschluss von Zusatzgeräten geht. Kein Hardware-Hersteller im PC-Bereich kann es sich leisten, Produkte ohne Windows-Treiber anzubieten. Einige Peripheriegeräte sind direkt auf dieses Betriebssystem optimiert, wie etwa die weit verbreiteten GDI-Drucker, die sich nur unter Windows richtig nutzen lassen. Unter Linux sieht die Situation dagegen nicht so gut aus. Vor allem die neuesten Hardware-Produkte lassen sich nicht so ohne weiteres verwenden und es dauert immer einige Zeit, bis die	Im Business-Umfeld, in dem zumeist nur eine eher begrenzte und klar definierte Art von Peripheriegeräten genutzt wird, spielt dieser Umstand keine so wichtige Rolle wie bei Privatanwendern, die wesentlich häufiger neue Geräte anschließen und den Rechner öfter aufrüsten.	

132. Desktop-Betriebssystem *(Forts.)*

Leistungs-merkmal	Erläuterung	Hinweis	Eigene Anforderung
	Hersteller (oder die Linux-Entwickler) mit funktionsfähigen Linux-Treibern aufwarten können.		
Sicherheit	Im Hinblick auf die Sicherheit kann Linux gegenüber Windows punkten: Zum einen liegt dies daran, dass die Windows-Betriebssysteme und damit verbundenen Anwendungen (wie etwa der Internet Explorer oder auch E-Mail-Programme) sich bislang nicht unbedingt durch ein überzeugendes Sicherheitskonzept auszeichneten. Zum anderen ist Windows aufgrund seiner Monopolstellung quasi das einzig „lohnenswerte" Ziel für Autoren von Viren, Würmern etc. Hacker und Cracker haben sich fast ausschließlich auf dieses System eingeschworen. Auch bei Linux werden hin und wieder Sicherheitslecks entdeckt, nur kann es aufgrund der geringen Verbreitung hier keine Massenausbreitung von Schadprogrammen geben. Ob der Open Source-Ansatz generell sicherer ist, da Sicherheitslücken aufgrund des offenen Quellcodes von Entwicklern erkannt werden können, oder ob Gefahren erst heraufbeschworen werden, indem Hacker und Cracker Schwachstellen ausfindig machen, lässt sich nicht eindeutig beantworten.	Wenngleich in Windows und Windows-Anwendungen immer wieder spektakuläre Sicherheitslücken entdeckt werden, sollte man die Gefahren nicht zu sehr dramatisieren. Durch die von Microsoft mittlerweile regelmäßig angebotenen Sicherheits-Updates, die Verwendung von zusätzlichen Sicherheitsprogrammen (Anti-Viren-Software, Personal Firewall, Anto Spyware-Tools etc.) sowie die Einhaltung bestimmter Verhaltensregeln lassen sich die Gefahren weitestgehend minimieren.	

132. Desktop-Betriebssystem *(Forts.)*

Leistungs-merkmal	Erläuterung	Hinweis	Eigene Anforderung
Benutzer-freundlich-keit	In puncto Benutzerfreundlichkeit hat Linux sich seit den Anfängen deutlich verbessert. Grafische Benutzeroberflächen wie KDE oder Gnome ermöglichen weitestgehend eine ähnlich einfache Bedienung wie bei Windows. Dennoch werden gerade bei der Installation immer wieder einmal manuelle Eingriffe notwendig, bei denen man auf Kommandozeilen-Ebene hantieren muss.	Wer einmal Linux unverbindlich ausprobieren möchte, muss dazu nicht mehr einen Rechner komplett neu einrichten. Es gibt seit einiger Zeit spezielle Linux-Distributionen, die sich von einer CD-ROM starten lassen und erste Schritte mit Linux erlauben, ohne dass man die Festplatte des Rechners verändern muss. Den Umstieg erleichtern die meisten großen Distributionen auch dadurch, dass sie eigene Partitionierungsprogramme und Bootmanager mitbringen. Windows und Linux können dann in friedlicher Koexistenz auf einer Platte nebeneinander bestehen.	
Service / Support	Im Service- und Support gibt es Unterschiede zwischen Linux und Windows, so riesig sind die Differenzen jedoch nicht. Microsoft legt zwar großen Wert auf den professionellen Support, der den zahlenden Kunden zur Verfügung steht, doch zumindest bei den großen Linux-Distributoren gibt es ebenfalls professionelle Support-Teams, die bei Fragestellungen jederzeit erreichbar sind.	Linux-Interessenten, die Wert auf umfangreichen Support legen, sollten sich daher besser für eine der professionellen Linux-Distributionen entscheiden.	
Office-Tauglich-keit	Zu den wichtigsten Anwendungen im professionellen Umfeld gehören die Office-Anwendungen. Hier besitzt Microsoft mit seinem Office-Paket eine ähnliche Dominanz wie bei den	Es gibt Linux-Distributionen, bei denen wie beim SuSE Linux CrossOver Office auch die Microsoft Office-Anwendungen unter Linux nutzbar sein sollen. Allerdings gelingt dies meist	

132. Desktop-Betriebssystem *(Forts.)*

Leistungs-merkmal	Erläuterung	Hinweis	Eigene Anforderung
	Betriebssystemen. Eine Linux-Version von Microsoft Office ist nicht geplant, sodass Linux-User hier auf andere Anwendungen ausweichen müssen. Mit Star Office und OpenOffice stehen allerdings leistungsfähige Alternativen zur Verfügung. Allerdings gibt es gerade im Hinblick auf die Teamfunktionen des neuen Microsoft Office einige Abstriche und auch der Leistungsumfang der Anwendungen kann nicht ganz mit den Microsoft-Produkten mithalten.	nicht vollständig, sodass man verschiedene Einschränkungen, etwa bei der Verwendung von Makros, hinnehmen muss.	
Wirt-schaftlich-keit	Es gibt mittlerweile zahlreiche Untersuchungen, in denen die Kosten von Linux und Windows verglichen werden. Ein einheitliches Ergebnis gibt es dabei nicht, mal wird Linux ein Kostenvorteil zugestanden, mal hat Windows „die Nase vorn." Unstrittig sind die niedrigeren Lizenzkosten für Linux, andererseits fallen erhebliche Umstellungskosten sowie ein erhöhter Aufwand für Administrierung etc. an.	Welche Plattform die günstigere ist, hängt ganz wesentlich von den individuellen Einsatzbedingungen ab. Ein pauschales Urteil für oder gegen ein System lässt sich nicht fällen. Tendenziell dürfte Linux etwas besser abschneiden, je größer das im Unternehmen bereits vorhandene Know-how ist, denn ein Großteil der durch Linux verursachten Kosten liegt im Bereich Administrierung, Schulung etc.	

Eigene Anmerkungen:

- -

- -

- -

133. Büro-PC

Leistungs-merkmal	Erläuterung	Hinweis	Eigene Anforderung
Prozessor	Der Prozessor (auch CPU für Central Processing Unit genannt) ist die zentrale Komponente eines jeden Rechners. Er bestimmt weitestgehend die Leistungsfähigkeit und damit die Einsatzmöglichkeiten eines PCs. Für die meisten Büroanwendungen reichen Prozessoren der Einstiegsklasse bereits aus. Nur für sehr rechenintensive Anwendungen oder bei Einsatz im Multimedia-Bereich werden schnellere Prozessorvarianten benötigt. Die größten Anbieter von PC-Prozessoren sind Intel und AMD, deren Modelle sich im Hinblick auf Büroanwendungen nur sehr geringfügig unterscheiden. Selbst die deutlich leistungsschwächeren VIA-Prozessoren reichen für dieses Einsatzgebiet aus.	Durch den Verzicht auf Highspeed-CPUs kann beim Kauf eines neuen Büro-PCs einiges Geld gespart werden, da diese hohen Rechenleistungen nicht benötigt werden. Ein Prozessor am unteren Rand des angebotenen Leistungsspektrums ist für die meisten Büro-Einsatzbereiche mehr als ausreichend. Langsamere Prozessoren zeichnen sich zudem durch niedrigeren Energieverbrauch sowie geringere Wärmeentwicklung aus. Aufgrund des geringeren Kühlungsbedarfs sind diese Prozessoren auch geräuschärmer.	
Arbeits-speicher	Neben dem Prozessor hat auch der Arbeitsspeicher einen großen Einfluss auf die Leistungsfähigkeit des Rechners. Zu knapp bemessener Speicher macht häufige Auslagerungen auf die deutlich langsamere Festplatte notwendig, was die Systemleistung negativ beeinflusst. Moderne Betriebssysteme benötigen recht große Teile des Arbeitsspeichers allein schon für sich, bei paralleler Nutzung mehrerer Anwendungen erhöht sich der Speicherbedarf ganz erheblich.	Anders als beim Prozessor sollte man beim Arbeitsspeicher nicht zu sparsam sein. Derzeit empfehlen sich selbst für Büroanwendungen mindestens 256 MByte Speicher, um angesichts des Ressourcenverbrauchs durch Betriebssystem und Office-Anwendungen noch zügig arbeiten zu können. Mehr als 512 MByte dürften jedoch für diesen Einsatzbereich nicht notwendig sein.	

133. Büro-PC *(Forts.)*

Leistungs-merkmal	Erläuterung	Hinweis	Eigene Anforderung
Festplatte	Bei den Festplatten spielt neben der Speicherkapazität auch die verwendete Technik eine wichtige Rolle. Für Desktop-Rechner ist derzeit noch die IDE-Technik der übliche Standard, allerdings wird diese Variante in absehbarer Zeit wohl durch die neue serielle ATA-Schnittstelle abgelöst werden. Die teureren SCSI-Festplatten sind in Büro-PCs nicht notwendig, da ihre Vorteile vor allem im Serverbereich zum Tragen kommen.	In typischen Büro-Einsatzbereichen sollten kleine bzw. mittlere Festplatten (derzeit etwa zwischen 40 und 80 GByte) bereits mehr als ausreichend sein. Allerdings sind die Preisunterschiede zwischen den einzelnen Größenklassen nicht mehr so groß, sodass man sich im Zweifelsfall eher für eine Ausführung mit mehr Speicherplatz entscheiden sollte.	
Grafik-karte	Typische Büro-Anwendungen stellen keine hohen Anforderungen an die Grafikkarte, sodass hier eine weitere Sparmöglichkeit vorhanden ist. Häufig reichen schon Chipsätze mit integrierter Grafikkomponente aus, die auf Teile des Hauptspeichers zugreifen. Wenn an den Rechner ein hochwertiger Flachbildschirm angeschlossen werden soll, kann eine Grafikkarte mit digitalem Ausgang angeraten sein, da sich LCDs mit digitalem Anschluss hierüber optimal ansteuern lassen.	Teure 3D-Grafikkarten sind im Büro-PC fehl am Platze. Sie kosten nicht nur relativ viel Geld, sondern müssen auch intensiv gekühlt werden, was für zusätzliche Lärmbelastung sorgt. Wird eine integrierte Grafiklösung gewählt, die auf den Hauptspeicher zugreift, sollte dieser Faktor bei der Bemessung des Arbeitsspeichers unbedingt berücksichtigt werden. 128 MByte sind hierbei auf jeden Fall zu eng bemessen. Es sollte ein umfangreicherer Arbeitsspeicher eingebaut werden.	
Optisches Laufwerk	Auf ein optisches Laufwerk sollte man auch beim Büro-PC nicht verzichten, da mittlerweile die	Bei der Auswahl eines CD- oder DVD-ROM-Laufwerks kommt es bei den meisten Büro-Anwen-	

133. Büro-PC *(Forts.)*

Leistungs-merkmal	Erläuterung	Hinweis	Eigene Anforderung
	meisten Programme und Anwendungsdaten auf CD oder DVD gespeichert werden. Als Standard haben sich mittlerweile DVD-ROM-Laufwerke etabliert, CD-ROM-Laufwerke werden dagegen wohl über kurz oder lang aussterben, zumal es auch keine wesentlichen Preisunterschiede zwischen diesen beiden Techniken gibt. Brenner sind in Büroumgebungen zumeist nicht notwendig, am ehesten noch für Aufgaben wie Datensicherung.	dungsbereichen weniger auf die Geschwindigkeit als auf die Geräuschentwicklung an. Je leiser ein Laufwerk arbeitet, desto besser ist dies für die Arbeitsplatzergonomie. Wenn auch ein Gerät für die Datensicherung benötigt wird, reicht in den meisten Fällen die Speicherkapazität der CD-Technik aus.	
Gehäuse	Neben den klassischen Tower- und Desktop-Gehäusen gibt es auch verschiedene Mini-Versionen oder spezielle Design-Versionen. Die kompakten Ausführungen sparen einerseits Platz und sehen recht schick aus, als Nachteil kann sich die eingeschränkte Erweiterungsmöglichkeit erweisen, wenn etwa keine üblichen PCI-Karten verwendet werden können. Gehäuse mit verbesserter Lärmdämmung können eine sinnvolle Alternative sein, sind allerdings häufig nicht gerade preiswert.	Modische Aspekte können bei der Auswahl eines Arbeitsplatz-Rechners in aller Regel vernachlässigt werden, Ausnahmen sind bestenfalls Arbeitsplätze mit repräsentativem Charakter. Wichtig bei der Auswahl sind vor allem die Lärmdämmung, die Qualität des zumeist bereits integrierten Netzteils sowie die Erreichbarkeit der Anschlüsse.	
Schnittstellen	In Büroumgebungen sind die Einsatzbereiche zumeist weitgehend vorgegeben, sodass auch die Art und Zahl der Anschlussmöglichkeiten bekannt ist.	Die Zahl der angeschlossenen Peripheriegeräte ist an den meisten Büro-Arbeitsplätzen zumeist überschaubar, sodass i.d.R. nicht besonders viele	

133. Büro-PC *(Forts.)*

Leistungs-merkmal	Erläuterung	Hinweis	Eigene Anforderung
	Alle neuen PCs unterstützen moderne Schnittstellenvarianten wie USB 2.0 und Firewire, die universell verwendet werden können. Sollen ältere Peripheriegeräte verwendet werden, ist darauf zu achten, dass auch noch die klassischen Schnittstellen (Parallelport, serielle Schnittstelle) vorhanden sind.	Schnittstellen vorhanden sein müssen.	
Ethernet-Anschluss	Eine Vernetzung ist in den meisten Büro-Umgebungen obligatorisch. Die meisten PCs bieten daher bereits einen integrierten Ethernet-Anschluss, sodass der Einbau einer separaten Grafikkarte überflüssig ist. Derzeit wird dabei zumeist der Ethernet-Standard 10/100 MBit/s unterstützt, die schnellere Variante mit 1 GBit/s findet sich zumeist nur in teuren High-End-PCs.	Ein integrierter Ethernet-Anschluss sollte für einen Büro-PC obligatorisch sein. Die Unterstützung für GBit-Ethernet bietet einige Zukunftssicherheit, allerdings reicht die Standard-Variante für Büroanwendungen wohl auch in den nächsten Jahren noch aus.	
Geräusch-emission	Die Geräuschemission des Büro-PCs beeinflusst die Arbeitsplatzergonomie in einem ganz erheblichen Maße. Bei der Auswahl der Komponenten sollte dieser Aspekt daher unbedingt beachtet werden. Da die Büro-PCs recht moderate Anforderungen an die Leistungsfähigkeit von Prozessor, Grafikkarte etc. stellen, sind relativ leise Geräte durchaus machbar.	Aus technischer Sicht reichen zumeist schon die günstigsten Komponenten für die Anforderungen eines Büro-PCs aus. Allerdings arbeiten billige Lüfter oder Laufwerke häufig auch recht laut. Daher empfehlen sich gerade für die permanent genutzten Arbeitsplatzrechner Komponenten mit möglichst geringen Geräuschemissionen, die allerdings etwas mehr kosten.	

133. Büro-PC *(Forts.)*

Leistungs-merkmal	Erläuterung	Hinweis	Eigene Anforderung
Service, Support und Garantie	Arbeitszeitausfälle durch defekte Rechner sind ärgerlich und teuer. Für Büro-PCs sollten daher möglichst umfassende Garantie- und Support-Verträge abgeschlossen werden, auch wenn sich die Anbieter den Service entsprechend teuer bezahlen lassen.	Kurze Reaktionszeiten (24 Stunden) und ein Vor-Ort-Service sollten bei der geschäftlichen Nutzung von PCs obligatorisch sein, um den Ausfall von Arbeitszeit weitgehend zu minimieren.	

Eigene Anmerkungen:

134. Monitor

Leistungs-merkmal	Erläuterung	Hinweis	Eigene Anforderung
Monitor-Variante	Der Monitor beeinflusst die Arbeitsplatzergonomie wie kein anderes Gerät. Bei der Auswahl sollte dieser Komponente daher genauso viel Sorgfalt und Aufmerksamkeit gewidmet werden wie dem PC selbst. Bei den Monitoren haben Anwender die Wahl zwischen den konventionellen Röhrenmonitoren und den modernen Flachbildschirmen (LCDs - Liquid Crystal Displays). LCDs bieten zahlreiche Vorteile und sind für die meisten Anwender die bessere Alternative, allerdings gibt es durchaus noch einige Nachteile dieser Technik. Vorteile: • Helleres und kontrastreicheres Bild • Geringere bzw. nicht vorhandene Strahlung • Längere Lebensdauer • Keine Verzerrungen • Geringere Abmessungen und niedrigeres Gewicht • Geringerer Energieverbrauch Nachteile: • Beschränkung auf eine optimale Bildschirmauflösung • Langsame Schaltgeschwindigkeiten • Eingeschränkter Blickwinkel • Eingeschränkter Farbumfang und fehlende Kalibrierungsmöglichkeit	Angesichts des Preisverfalls bei den LCDs wird dieser Monitor-Typ für immer mehr Anwendergruppen attraktiv. Die Vorteile in ergonomischer Hinsicht gleichen die Mehrausgaben im Vergleich zu Röhrengeräten aus Sicht der Anwender aus. Hinzu kommen die niedrigeren Energiekosten und die längere Lebensdauer, die bei einem Vergleich der Gesamtkosten ebenfalls zugunsten der Flachbildschirme sprechen. LCDs können ihr volles Leistungspotenzial dann ausschöpfen, wenn sie digital angesteuert werden. Sowohl der Monitor als auch die Grafikkarte müssen dazu eine digitale Schnittstelle wie DVI bieten. Ohne diese direkte digitale Verbindung kann die Bildqualität geringfügig beeinträchtigt werden. Digitale Eingänge gibt es an immer mehr LCDs, allerdings sucht man diese Option bei den Modellen der untersten Preiskategorie bislang meistens vergeblich.	

134. Monitor *(Forts.)*

Leistungs-merkmal	Erläuterung	Hinweis	Eigene Anforderung
Größe	Röhrenmonitore gibt es zumeist in den Größen 17, 19 und 21 sowie 22 Zoll. Für Anwendungsbereiche, bei denen besonders große Bildschirme benötigt werden, sind auch Modelle mit 24 Zoll verfügbar. Bei LCDs beginnt das Spektrum bei 15 Zoll, die derzeit populärsten Größenklassen sind 17 und 19 Zoll. LCD-Geräte mit größeren Bildschirmdiagonalen sind vergleichsweise selten erhältlich und sind noch unverhältnismäßig teuer.	Während bei Röhrenmonitoren der tatsächlich sichtbare Teil der Bildröhre kleiner ausfällt als der angegebene Wert für die Bildschirmdiagonale, gibt es bei den Flachbildschirmen keine Differenz. Ein 17-Zoll Röhrenmonitor bietet daher in etwa dieselbe sichtbare Bildfläche wie ein 15-Zoll LCD. Einem 19-Zoll Röhrengerät entspricht ungefähr ein 17-Zoll Flachbildschirm.	
Auflösung	LCD-Geräte verfügen über eine feste Anzahl von Bildpunkten und können daher nur diese Auflösung optimal anzeigen. Kleinere Auflösungen können nur durch verkleinerte Darstellung oder Interpolation dargestellt werden, was mit Qualitätseinbußen verbunden ist. Bei den meisten 17- und 19-Zoll-LCDs liegt die Auflösung bei 1.280 x 1.024 Bildpunkten, die kleineren 15-Zöller arbeiten i.d.R. mit 1.024 x 768 Pixeln. Bei den Röhrengeräten können unterschiedliche Auflösungen genutzt werden. Allerdings empfiehlt es sich auch hier nicht, bestimmte Grenzen zu überschreiten, da zu hohe Auflösungen die Monitore überfordern und zu qualitativen Beeinträchtigungen bei der Bildschirmdarstellung führen.	Bei den Röhrenmonitoren hängt die maximal sinnvolle Auflösung auch von den Eigenschaften der Grafikkarte ab.	

134. Monitor *(Forts.)*

Leistungs-merkmal	Erläuterung	Hinweis	Eigene Anforderung
	In der üblichen Größenklasse zwischen 19 und 21 Zoll liegt die optimale Auflösung bei 1.280 x 1.024 Bildpunkten, für höhere Auflösungen sollten auch größere Monitore genutzt werden.		
Kontrast	Um auch unter etwas ungünstigeren Lichtbedingungen gut arbeiten zu können, sollten die Monitore ein möglichst hohes Kontrastverhältnis bieten.	Bei LCDs sind Werte von 300:1 und höher ausreichend, bei den Röhrengeräten genügen auch Kontrastverhältnisse ab etwa 150:1.	
Helligkeit	Wie beim Kontrast sind LCDs den Röhrengeräten auch bei der Helligkeit überlegen. Die Helligkeit bzw. Leuchtdichte sollte bei LCDs mindestens 250 cd/m^2 betragen, bei Röhrengeräte sind Werte ab etwa 100 bis 150 cd/m^2 üblich.	Die Maximalwerte sollten möglichst nicht genutzt werden, da zu helle Monitore die Augen zu sehr belasten.	
Wieder-holfre-quenz	Die (Bild-)Wiederholfrequenz spielt vor allem bei den Röhrengeräten eine wichtige Rolle. Hier muss das Bild sehr oft aufgebaut werden, um das störende Flimmern zu vermeiden. Erst bei Bildwiederholraten ab 80 bis 85 Hz nehmen auch empfindliche Personen kein Flimmern mehr war. Bei LCDs bleiben die einzelnen Bilder dagegen gewissermaßen länger stehen und die Wiederholfrequenz kann deutlich geringer ausfallen. Schon bei 60 Hz ist hier kein Flimmern mehr wahrnehmbar und so gut wie alle Geräte sind entsprechend leistungsfähig.	Wenn bei LCDs dennoch ein Flimmern auftritt, liegt dies zumeist an einer unzureichenden Synchronisation mit der Grafikkarte. Probleme dieser Art können ausgeschlossen werden, wenn man sich für eine digitale Ansteuerung entscheidet.	

134. Monitor *(Forts.)*

Leistungs-merkmal	Erläuterung	Hinweis	Eigene Anforderung
Maske (Röhren-geräte)	Bei den Röhrenmonitoren werden entweder Loch- oder Streifenmasken verwendet. Streifenmasken haben den Vorteil, dass kontrastreichere und hellere Bilder möglich sind. Nachteilig sind jedoch die beiden sichtbaren horizontalen Stützdrähte der Streifenmasken, die vor allem bei hellen Bildinhalten als dunkle Linien erkennbar bleiben.	Ob man sich für ein Gerät mit Loch- oder Streifenmaske entscheidet, ist aufgrund der Vor- und Nachteile der beiden Varianten eher eine Geschmackssache.	
Blickwinkel (LCDs)	Bei den LCDs muss man mit Beeinträchtigungen rechnen, wenn man den Monitor aus horizontal oder vertikal versetzter Position betrachtet. Vor allem der horizontale Betrachtungswinkel sollte nicht zu klein sein, um auch aus einer seitlichen Perspektive einen optimalen Bildeindruck zu bekommen.	Höherwertige Displays bieten durch spezielle Techniken mittlerweile einen Betrachtungswinkel von 160 Grad oder mehr, sodass auch unter extremen Bedingungen keine Beeinträchtigungen mehr zu erwarten sind. Für konventionelle Arbeitsplätze reichen auch schon etwas niedrigere Blickwinkel aus, allerdings sollte eine Grenze von 130 Grad nach Möglichkeit nicht unterschritten werden.	
Schaltzeit (LCDs)	Nachteilig bei LCDs ist die verhältnismäßig lange Zeit, die für die Darstellung neuer Bildinformationen benötigt wird. Die Pixel können hier nur vergleichsweise langsam von hell auf dunkel umschalten. Diese vergleichsweise lange Zeitspanne kann dazu führen, dass bei schnell bewegten Bildfolgen die Bilder verwischt erscheinen. Vor allem bei Multi	Für konventionelle Büro-Anwendungen reichen bereits die etwas langsameren Schaltzeiten einfacher LCDs aus, die etwa	

134. Monitor *(Forts.)*

Leistungs-merkmal	Erläuterung	Hinweis	Eigene Anforderung
	media-Anwendungen wie Videos oder Action-Spielen machen sich diese Störungen bemerkbar. Für derartige Anwendungen sollte man daher LCDs mit möglichst kurzer Schaltzeit nutzen.	zwischen 20 und 30 Millisekunden liegen. Erst bei Schaltzeiten von deutlich unter 20 Millisekunden ist man auch bei Anwendungen mit schnellen Bildwechseln auf der sicheren Seite. Die kurzen Schaltzeiten findet man zumeist nur in teureren LCDs.	
Pivot-Funktion (LCDs)	Einige LCDs lassen sich um 90 Grad drehen, sodass man sie statt im üblichen Querformat auch im Hochformat nutzen kann. In verschiedenen Einsatzbereichen, wie etwa beim DTP, ist das Hochformat deutlich geeigneter, weil man etwa komplette Seiten auf einen Blick ansehen und auf das Scrollen verzichten kann.	Die zur Anpassung der Bildschirminhalte notwendige Software sollte bei den LCDs mit Pivotfunktion selbstverständlich zum Lieferumfang gehören. Auch diese Funktion findet sich derzeit fast ausschließlich in LCDs der gehobenen Preisklassen.	
Schnitt-stelle	Röhrenmonitore und auch viele LCDs lassen sich über eine analoge Schnittstelle (Sub-D) mit dem Rechner verbinden. Für die digital arbeitenden LCDs ist jedoch eine digitale Ansteuerung wesentlich sinnvoller, da hiermit eine optimale Bildqualität möglich wird. Als Standard für diese Schnittstelle hat sich inzwischen DVI etabliert.	Um die digitale Schnittstelle eines LCD-Monitors nutzen zu können, muss auch die Grafikkarte einen entsprechenden Ausgang besitzen. Mittlerweile findet man auch in der unteren Preiskategorie Grafikkarten mit DVI-Unterstützung.	
Energie-verbrauch	Der deutlich niedrigere Energieverbrauch ist ein weiteres Argument für den Einsatz der modernen Flachbildschirme.	Die Kosteneinsparung durch den niedrigeren Energieverbrauch liegt damit zwischen etwa 15 und 25 EUR im Jahr.	

134. Monitor *(Forts.)*

Leistungs-merkmal	Erläuterung	Hinweis	Eigene Anforderung
	Während ein Röhrengerät etwa 100 bis 150 kWh pro Jahr verbraucht, sind es bei vergleichbaren LCDs gerade einmal 15 bis 25 kWh.		
Laut-sprecher	An konventionellen Büroarbeitsplätzen oder auch für Heimanwender, die keine großen Multimedia-Ambitionen haben, können Monitore mit integrierten Lautsprechern die Anschaffung zusätzlicher Lautsprecherboxen überflüssig machen.	Höheren Ansprüchen werden die integrierten Lautsprecher jedoch nur in Ausnahmefällen gerecht. Für einen wirklich guten Klang wird man auf eine zusätzliche Ausrüstung nicht verzichten können.	
Prüfsiegel	Anhand verschiedener Prüfsiegel können Verbraucher auf einen Blick erkennen, ob der Monitor bestimmten Mindestanforderungen genügt. Zu den gängigsten Prüfsiegeln gehören etwa TCO oder der TÜV Eco Kreis, bei denen neben ergonomischen und technischen Richtwerten auch Vorgaben im Hinblick auf die Umweltverträglichkeit der Monitore erfüllt sein müssen.	Speziell für LCDs gibt es eine ISO-Norm (13406-2), bei der die Flachbildschirme abhängig von der Anzahl defekter Pixel in unterschiedliche Klassen eingeordnet werden. Pixelfehler treten bei der Produktion von LCD-Panels immer wieder einmal auf. Die Vorgabe für die Klasse II, der nahezu alle LCD-Monitore angehören, sieht etwa maximal zwei schwarze oder weiße bzw. fünf farbige Fehlpixel pro Million Bildpunkte vor.	

Eigene Anmerkungen:

- -

- -

- -

- -

- -

135. Notebook

Leistungs-merkmal	Erläuterung	Hinweis	Eigene Anforderung
Prozessor	Der Prozessor bestimmt auch beim Notebook ganz wesentlich die Rechenleistung. Anders als beim Desktop-Rechner spielt hier jedoch auch die Leistungsaufnahme eine wichtige Rolle, da im mobilen Einsatz die zur Verfügung stehende Energie einen Engpassfaktor darstellt. Besonders Strom sparende Prozessoren sind daher gefragt, wenn das Notebook vor allem in Situationen genutzt werden soll, in denen die Stromversorgung nicht über das Netz sondern über Akku erfolgt. Als besonders genügsam erweisen sich die von Intel entwickelten Pentium M-Prozessoren, die zudem trotz nominell niedriger Taktfrequenzen recht hohe Leistung bieten. Die konventionellen Mobilprozessoren (wie etwa Mobile Pentium 4 oder Mobile Athlon) verbrauchen trotz Spartechniken wie PowerNow oder SpeedStep deutlich mehr Strom, was sich in Akku-Laufzeiten bemerkbar macht. Häufig werden auch konventionelle Desktop-Prozessoren in Notebooks eingebaut, allerdings führt dies zu einer sehr kurzen netzunabhängigen Betriebszeit. Außerdem benötigen diese CPUs zumeist eine intensive Kühlung, was eine hohe Geräuschemission verursachen kann.	Bei der Auswahl des Prozessortyps spielt vor allem der geplante Einsatzbereich eine wichtige Rolle. Soll das Notebook in erster Linie als Desktop-Ersatz genutzt werden, ist vor allem eine hohe Rechenleistung wichtig. Damit kommen auch Modelle mit Desktop-Prozessoren in Frage. Soll das Notebook dagegen vorrangig im mobilen Einsatz genutzt werden, steht eine möglichst lange Akku-Laufzeit im Vordergrund. Hier sollten dann möglichst Strom sparende CPUs eingesetzt werden, wobei derzeit vor allem die Pentium M-Modelle in dieser Hinsicht überzeugen können. Notebooks mit Pentium M-Prozessor kann man auf einen Blick am Centrino-Logo erkennen. Allerdings gibt es auch Notebooks ohne dieses Logo, die mit Pentium M-Prozessoren arbeiten, da Intel für die Vergabe des Logos auch die Verwendung weiterer Intel-Komponenten (etwa für WLAN) vorschreibt. Der Stromspareffekt bleibt von diesen Zusatzkomponenten jedoch weitgehend unberührt.	

135. Notebook *(Forts.)*

Leistungs-merkmal	Erläuterung	Hinweis	Eigene Anforderung
Display	Notebook-Displays bieten häufig nicht dieselbe Qualität wie sonstige LCDs. So ist etwa der Blickwinkel, innerhalb dessen das Bild optimal betrachtet werden kann, recht gering. Auch bei Helligkeit, Kontrast oder Schaltgeschwindigkeit können die Notebook-Displays oftmals nicht besonders überzeugen. Als Standardgröße bei konventionellen Notebooks haben sich mittlerweile 15 Zoll etabliert, Modelle mit 14-Zoll-Display finden sich nur noch in den Einsteigerangeboten. Daneben gibt es in der Mittel- und Oberklasse auch Modelle mit 16 und 17 Zoll, zudem werden immer mehr Notebooks mit Breitbild-Formaten angeboten. Diese Modelle sind vor allem für Multimedia-Anwendungen gedacht, können aber auch bei einigen Büro-Anwendungen wie etwa Tabellenkalkulationen hilfreich sein.	Bei der Auswahl des Notebook-Displays sollte man darauf achten, dass die Geräte eine Auflösung bieten, die der Größe des Displays entspricht. Werden hohe Auflösungen (wie etwa 1.600 x 1.200 Pixel) auf eher kleinen Displays genutzt, führt dies dazu, dass Symbole oder Schriften ebenfalls recht klein angezeigt werden, was die Erkennbarkeit beeinträchtigen kann.	
Grafik	Die Grafik-Module in den Notebooks hinken den aktuellen Standards in der Desktop-Welt immer um ein bis zwei Versionen hinterher. Bedeutsam ist dies mittlerweile jedoch ausschließlich für Anwender, die besonders hohe Anforderungen an die Grafikkarte stellen, wie dies etwa bei Computerspielen der Fall ist.	Bei Lösungen mit integrierter Grafik sollte man an die zusätzliche Belastung des Arbeitsspeichers denken und diesen daher möglichst nicht zu knapp bemessen. Soll das Notebook als Desktop-Ersatz genutzt werden, kann sich der Anschluss eines anderen Monitors empfehlen. Dann sollte eine entsprechende Schnittstelle vorhanden sein.	

135. Notebook *(Forts.)*

Leistungs-merkmal	Erläuterung	Hinweis	Eigene Anforderung
	Für die meisten Büro-Anwendungen reichen sogar schon die integrierten Grafiklösungen aus, die auf Teile des Arbeitsspeichers zugreifen.		
Akku-Laufzeit	Die Akku-Laufzeit eines Notebooks wird von verschiedenen Komponenten beeinflusst. Neben dem Prozessor ist etwa das Display ein wesentlicher Stromverbraucher. Schließlich gibt es auch unterschiedliche Akku-Varianten, die für mehr oder weniger lange Betriebszeiten sorgen.	Notebooks mit Desktop-Prozessoren oder einfacheren Mobil-Versionen bringen es häufig nur auf sehr bescheidene Akku-Laufzeiten von 1,5 bis gut 2 Stunden. Modelle mit Pentium M-Prozessor bieten deutlich längere Betriebszeiten von 3 bis 4 Stunden oder noch mehr. Eine Verlängerung kann man durch die Verwendung von Hochleistungsakkus bzw. Zweitakkus erreichen. Verschiedene Notebookmodelle bieten hierfür spezielle Wechselschachtsysteme.	
Notebook-Varianten	Neben den konventionellen All-in-One-Notebooks in „Normalgröße" gibt es auch verschiedene kleine Varianten, die so genannten Mini- und Sub-Notebooks. Bei den kleineren und flacheren Notebooks muss man sich allerdings mit kleineren Displays (zumeist 10 bis 12 Zoll) begnügen und auch Abstriche bei der Tastatur machen. Optische Laufwerke sind zumeist ebenfalls nicht integriert, dafür sind die Modelle jedoch auch deutlich leichter.	Die kompakten Notebook-Varianten sind für den mobilen Einsatz besonders prädestiniert, allerdings muss man sich hier häufig auch mit etwas eingeschränkter Rechenleistung begnügen. Auch bei der Akku-Leistung und netzunabhängigen Laufzeit muss man Abstriche machen. Die Mini-Rechner sind zudem deutlich teurer als vergleichbar ausgestattete Notebooks üblicher Größe.	

135. Notebook *(Forts.)*

Leistungs-merkmal	Erläuterung	Hinweis	Eigene Anforderung
Arbeits-speicher	Auch bei Notebooks sollte man den Arbeitsspeicher nicht zu knapp bemessen, denn moderne Betriebssysteme und Anwendungen stellen recht hohe Ansprüche. 256 MByte sollten für ein zügiges Arbeiten schon vorhanden sein, 512 MByte dürften auch für anspruchsvolle Anwender derzeit mehr als ausreichend sein.	Achten Sie beim Kauf auf die möglichen Erweiterungsmöglichkeiten. Bei einigen Notebooks müssen teure, herstellerspezifische Speichermodule verwendet werden.	
Festplatte	Hinsichtlich der Festplattenkapazität reichen die in Notebooks eingebauten 2,5 Zoll-Hard-Disks nicht an die Desktop-Systeme heran. Aber auch hier gibt es mittlerweile Festplatten mit bis zu 80 GByte und mehr.	Wenn ein Notebook als Desktop-Ersatz genutzt werden soll und die vorhandene Festlattenkapazität nicht ausreicht, kann am einfachsten eine Erweiterung über externe Festplatten erfolgen.	
Schnitt-stellen	Soll das Notebook als Desktop-Ersatz genutzt werden, ist ein besonderes Augenmerk auf die vorhandenen Schnittstellen zu richten. Ein Ethernet-Anschluss ist zumeist ebenso integriert wie ein 56k-Modem, USB-Schnittstellen, ebenso ein PC Card-Schacht. Firewire wird ebenfalls oft geboten. Ältere Schnittstellen wie Parallelport oder auch PS/2-Anschlüsse sucht man häufig vergebens. Auch auf den Infrarot-Port, der mittlerweile durch modernere Funktechniken wie WLAN oder Bluetooth verdrängt wird, verzichten immer mehr Hersteller.	Je mehr Anschlüsse vorhanden sind, desto leichter lassen sich externe Geräte mit dem Notebook verbinden. Vor allem USB-Anschlüsse sollten möglichst viele vorhanden sein, da sich dieser Standard weitestgehend durchgesetzt hat.	

135. Notebook *(Forts.)*

Leistungs-merkmal	Erläuterung	Hinweis	Eigene Anforderung
Laufwerke	Immer mehr Notebook-Hersteller verzichten auf ein integriertes Disketten-Laufwerk. Stattdessen finden sich zunehmend Kartenlesegeräte, mit denen Speicherkarten wie CompactFlash, SD/MM-Cards oder Memory Stick genutzt werden können. Konventionelle Notebooks sind zumeist mit einem optischen Laufwerk ausgestattet, wobei vor allem DVD-ROM, Combolaufwerke (DVD-ROM/CD-RW) oder DVD-Brenner verfügbar sind.	Wenn das Notebook vor allem für den mobilen Einsatz benötigt wird, reicht ein einfaches DVD-ROM-Laufwerk bereits aus. Brenner sind in diesem Bereich eher überflüssig. Sollen Daten auf externe Datenträger kopiert werden, empfehlen sich z.B. USB-Speichersticks als Alternative.	
Erweiterungsmöglichkeiten	Eine bequeme Option zum Anschluss von Peripheriegeräten bieten Docking Stations bzw. Port Replikatoren, mit denen die Zahl der Schnittstellen erhöht wird und ein Notebook auf einfache Weise direkt mit mehreren externen Geräten verbunden werden kann.	Neben den speziell für die einzelnen Notebook-Modelle angebotenen Docking Stations bzw. Port Replikatoren der Hersteller gibt es auch universell einsetzbare Modelle für den USB-Anschluss. Diese Varianten sind deutlich günstiger und oftmals nicht wesentlich unkomfortabler als die Speziallösungen.	
WLAN und Bluetooth	Für einen Mobilrechner werden drahtlose Funktechniken immer wichtiger. Vor allem WLAN ermöglicht heute einen bequemen und schnellen Zugang zu lokalen Netzen und vor allem auch eine drahtlose Internetanbindung. Centrino-Notebooks sind bereits von Haus aus mit WLAN ausgerüstet, allerdings sind auch in vielen anderen Notebooks bereits WLAN-Module enthalten.	WLAN und Bluetooth lassen sich recht einfach über PC-Cards oder USB-Sticks nachrüsten, sodass auch Modelle ohne integrierte Komponenten problemlos mit diesen Funktionen ausgestattet werden können.	

135. Notebook *(Forts.)*

Leistungs-merkmal	Erläuterung	Hinweis	Eigene Anforderung
	Bluetooth dient eher als drahtlose Anbindungsmöglichkeit für Peripheriegeräte oder zur Anbindung von anderen Geräten wie Handy oder PDA. Nur vergleichsweise wenige Notebooks bringen eine integrierte Bluetooth-Funktionalität mit.		
Service / Garantie	Dem Service und der Garantie sollte man beim Notebook-Kauf einen großen Stellenwert einräumen. Gerade bei Notebooks können selbst kleine Reparaturen sehr teuer werden, da häufig komplette Bauteilgruppen ausgewechselt werden müssen. Lange Garantiezeiten sind daher von Vorteil. Für Business-Anwender von großer Bedeutung ist auch ein Vor-Ort-Service, der schnell verfügbar ist. Einige der großen Hersteller bieten diesen Service sogar im internationalen Rahmen an.	Markenhersteller versprechen anders als No-Name-Produzenten häufig eine recht lange Belieferung mit Ersatzteilen. Auch Notebooks, die älter als zwei oder drei Jahre sind, können oftmals noch repariert werden, während man bei Billig-Angeboten aus dem Discounter mitunter schon nach Ablauf der Garantie keine Ersatzteile mehr bekommt und das Notebook dann selbst bei kleinen Defekten unbrauchbar werden kann.	

Eigene Anmerkungen:

- -

- -

- -

- -

- -

136. Arbeitsplatz-Drucker

Leistungs-merkmal	Erläuterung	Hinweis	Eigene Anforderung
Gerätetyp	Für die meisten Anwendungsbereiche geeignet sind Tintenstrahldrucker sowie Laserdrucker. Andere Druckervarianten, wie Nadeldrucker oder Thermotransferdrucker, sind nur für bestimmte Einsatzfelder geeignet. Im Büro-Umfeld stand bislang in den meisten Fällen eine Entscheidung zwischen Schwarzweiß-Laser und farbfähigem Tintenstrahldrucker an. Mittlerweile kommen jedoch immer öfter auch preisgünstige Farblaser-Modelle auf den Markt. Tintenstrahldrucker kommen vor allem im SOHO-Bereich (Small Office / Home Office) oder kleinen Büros mit einem niedrigen Druckaufkommen zum Einsatz. Für vergleichsweise wenig Geld bekommt man hier ansprechende Ergebnisse beim Textdruck und Farbdruck. Allerdings sind die Kosten für die Verbrauchsmaterialien relativ hoch, zudem arbeiten die Tintenstrahldrucker im Vergleich zu den Lasergeräten recht langsam. Etwas besser im Hinblick auf Druckgeschwindigkeit und Verbrauchskosten sind die für höhere Anforderungen konzipierten Büro-Tintendrucker, die jedoch so viel Geld kosten wie ein Farblaser der Einstiegsklasse.	Die in der Anschaffung recht preiswerten Tintenstrahler sind nur für Umgebungen geeignet, in denen das Druckvolumen recht gering bleibt. Schon bei einem Druckaufkommen von nicht mehr als 100 – 200 Seiten pro Monat ist ein Laserdrucker zumeist die bessere Alternative. Farblaser sind mittlerweile auch nicht mehr unerschwinglich und machen auch den Farbdruck bezahlbar. Schwächen haben die Laserdrucker jedoch beim Fotodruck, da hier oftmals deutliche Raster zu erkennen sind. Für diesen Einsatzbereich empfehlen sich daher nach wie vor Fotodrucker mit Tintenstrahltechnik. Wer vor allem an günstigen und schnellen Ausdrucken von Briefen bzw. sonstigen Texten interessiert ist, ist mit einem der mittlerweile recht günstigen Schwarz-weiß-Laserdrucker immer noch optimal bedient.	

136. Arbeitsplatz-Drucker *(Forts.)*

Leistungs-merkmal	Erläuterung	Hinweis	Eigene Anforderung
Schnitt-stelle und Netzwerk-fähigkeit	Neue Drucker werden zumeist über die USB-Schnittstelle mit dem Rechner verbunden. Falls noch ältere PCs an einen Drucker angeschlossen werden, sollte dieser zusätzlich über einen Parallelport verfügen. Will man den Drucker nicht an einen einzelnen PC anschließen, sondern direkt in ein kleines Netzwerk einbinden, ist ein Ethernet-Anschluss unumgänglich, der jedoch bei den meisten billigeren Geräten nicht verfügbar ist. Einen integrierten Druckerserver findet man ohnehin erst in der oberen Preisklasse.	Für kleine Büroumgebungen mit einer Handvoll Rechner muss es nicht unbedingt ein Netzwerk-Drucker mit einem eigenen Druckerserver sein. Hier können auch die anderen Nutzer ohne große Beeinträchtigungen auf den Drucker zugreifen, der an einem Arbeitsplatzrechner angeschlossen ist. Erst bei sehr intensiver Nutzung und großen Druckvolumina ist dieses Vorgehen nicht mehr sinnvoll.	
Druckge-schwindig-keit	Laserdrucker haben den Vorteil, dass sie auch hohe Schriftqualitäten in kürzester Zeit zu Papier bringen können. Selbst einfache Geräte der Einstiegsklasse kommen mittlerweile auf 16 Seiten pro Minute, in der Mittel- und Oberklasse sind 30 Seiten pro Minute üblich. Bei den Herstellerangaben zu den Tintenstrahlern muss man sehr vorsichtig sein. Die genannten Werte beziehen sich i.d.R. auf den Entwurfsmodus, bei höherer Druckqualität geht das Tempo deutlich zurück.	Laserdrucker sind im Hinblick auf die Druckgeschwindigkeit deutlich besser als selbst die schnellsten Tintenstrahler. Bei hohem Druckaufkommen ist dieser Gerätetyp daher nach wie vor die erste Wahl.	
Auflösung	Die üblicherweise in dpi (dots per inch) angegebene Druckauflösung ist ein Anhaltspunkt bei	Laserdrucker ermöglichen selbst bei 600 dpi häufig schon gestochen scharfen Textdruck und	

136. Arbeitsplatz-Drucker *(Forts.)*

Leistungs-merkmal	Erläuterung	Hinweis	Eigene Anforderung
	der Beurteilung der erreichbaren Druckqualität. Bei Laserdruckern liegen die dpi-Werte zwischen etwa 600 x 600 in der Einstiegsklasse und 2.400 x 1.200 dpi in der Oberklasse. Tintenstrahler arbeiten teilweise mit nochmals höheren Auflösungen (4.800 dpi oder noch mehr), allerdings sind auch hier die Herstellerangaben immer mit Vorsicht zu genießen.	sind hier nach wie vor den meisten Tintenstrahlern deutlich überlegen. Allerdings hat sich auch die Druckqualität einfacherer Tintendrucker mittlerweile deutlich verbessert, sodass auch hiermit ansehnliche Ausdrucke möglich sind.	
Druck-kosten pro Seite	Wesentlich wichtiger als die Anschaffungskosten sind bei der Investitionsentscheidung zumeist die Druckkosten pro Seite. Hier haben die Lasergeräte nach wie vor deutliche Vorteile gegenüber den Tintenstrahlern: Bei Differenzen zwischen 4 und 8 Cent pro Seite amortisiert sich ein höherer Anschaffungspreis schon recht schnell.	Je höher das Druckaufkommen ist, desto schwerer wiegen die Kostenunterschiede bei den Seitenpreisen. Einige Laserdrucker bieten einen weiteren Vorteil, indem die Drucktrommel extrem langlebig ist und daher nicht wie bei den Standardgeräten ausgewechselt werden muss. Hersteller wie Kyocera ermöglichen auf diese Weise nochmals niedrigere Druckkosten pro Seite.	
Monat-liches Druck-volumen	Viele Hersteller geben für ihre Drucker ein monatliches Druckvolumen an. Bei gängigen Laserdruckern liegt dieser Wert zwischen etwa 7.000 und 15.000 Seiten, noch höhere Werte erzielen einige Profigeräte. Bei Tintenstrahlern liegen die Werte deutlich niedriger und reichen oftmals nur von einigen hundert bis etwa 2.000 oder 3.000 Seiten.	Die angegebenen Druckvolumina sollten als absolute Höchstgrenze dessen aufgefasst werden, was mit einem Drucker machbar bzw. sinnvoll ist. Im Zweifelsfall sollte man eher Leistungsreserven einkalkulieren und ein Gerät anschaffen, das auch mit einem höheren als dem erwarteten Druckaufkommen umgehen kann.	

136. Arbeitsplatz-Drucker *(Forts.)*

Leistungsmerkmal	Erläuterung	Hinweis	Eigene Anforderung
Reichweite von Toner / Tinte	Je mehr gedruckt wird, desto größer sollte die Reichweite der Verbrauchsmaterialien sein, um das umständliche und zeitraubende Austauschen von Tintenpatronen bzw. Tonerkartuschen soweit wie möglich zu vermeiden. Patronen für Tintenstrahldrucker weisen zumeist nur sehr geringe Reichweiten von 100 bis 500 Seiten auf, lediglich die teuren Business-Tintenstrahler ermöglichen größere Reichweiten. Bei Laserdruckern liegt die Reichweite dagegen deutlich höher. Selbst einfache Modelle bieten mindestens 1.000 Seiten, Geräte der Mittelklasse kommen aber auch 5.000 Seiten und mehr mit einer Tonerfüllung aus.	Bei der Auswahl eines Tintendruckers sollte man darauf achten, dass die verschiedenen Druckfarben auch einzeln wechselbar sind und nicht immer gleich eine komplette Farbpatrone ausgewechselt werden muss, selbst wenn nur eine der Farbkammern leer ist. Diese Single-Ink-Technik vermeidet nicht nur die Verschwendung von Tinte, sondern trägt damit auch zur Reduzierung der Verbrauchskosten bei.	
Papiervorrat	Bei hohem Druckvolumen sollte auch der Papiervorrat des Druckers entsprechend groß dimensioniert sein, um ein häufiges Nachfüllen zu verhindern. Auch hier bieten die Tintenstrahler vergleichsweise geringe Kapazitäten von 100 bis 200 Seiten, allerdings finden sich auch bei den einfacheren Lasermodellen oftmals nicht wesentlich größere Papierfächer. Erst höherwertige Lasermodelle bieten Vorteile bzw. lassen sich über Zusatzmodule entsprechend aufrüsten.	Werden häufiger mehrseitige Ausdrucke in mehreren Exemplaren gedruckt, kann eine Sortiervorkehrung mit mehreren Ausgabefächern sinnvoll sein.	

136. Arbeitsplatz-Drucker *(Forts.)*

Leistungs-merkmal	Erläuterung	Hinweis	Eigene Anforderung
Duplex-modul	Zum beidseitigen Bedrucken der Blätter wird eine Duplexeinheit benötigt. Dieses Feature wird zumeist nur für Laserdrucker der mittleren und oberen Preisklasse angeboten.	Teurere Laserdrucker bieten die Duplexfunktion oftmals nicht als integriertes Feature, sondern können bei Bedarf entsprechend nachgerüstet werden.	
Ver-brauchs-materialien	Viel Geld lässt sich vor allem bei Tintenstrahldruckern sparen, wenn man nicht die Originaltinten und -papiere der Hersteller verwendet, sondern auf Produkte so genannter Refiller bzw. Produkte von Drittanbietern zurückgreift. Hinsichtlich der Qualität gibt es oftmals keine gravierenden Unterschiede, sodass sich ein Umstieg häufig lohnt. Auch Toner für Laserdrucker gibt es von Drittanbietern häufig günstiger als von den Druckerherstellern, allerdings sind hier die Preisunterschiede zumeist nicht so groß.	Noch preiswerter kann bei Tintenstrahlern die Nutzung von Refill-Sets sein, bei denen man die Tinte selbst in die vorhandenen Patronen einfüllt. Allerdings bedeutet dies einen nicht unerheblichen zusätzlichen Arbeitsaufwand. Zudem ist zu bedenken, dass auch die oftmals in den Patronen enthaltenen Druckköpfe nicht ewig halten, sondern nur einige Befüllungen überstehen.	

Eigene Anmerkungen:

137. Druckerauswahl

	notwendig	Kosten je 1000 Blatt	geplant	Kosten je 1000 Blatt	Kostenspar-potenzial
Druckbild					
Arbeitsqualität					
Briefqualität					
Präsentations-qualität					
Farbe					
Durchschläge					
Druckgeschwin-digkeit					
Nicht ausschlag-gebend					
Normal ist ausreichend					
Hohe Geschwindig-keit erforderlich					
Geräuschent-wicklung					
Nicht ausschlag-gebend					
Stellplatz ist laut					
Stellplatz ist geräuscharm					
Druckvolumen in 1000 Blatt/Periode					
Listen					
Formulare					

137. Druckerauswahl *(Forts.)*

	notwendig	Kosten je 1000 Blatt	geplant	Kosten je 1000 Blatt	Kostenspar-potenzial
Briefe					
Grafiken					
Einsatzbereiche					
Textverarbeitung					
Kaufmännische Verwaltung					
CAD					
Datenbanksystem					
Tabellenkalkulation					
Desktop Publishing					
Sonstige					
Druckertreiber					

Eigene Anmerkungen:

----

138. Kostenberechnung für Drucker (1000 Seiten)

	Laser	Tintenstrahl	Nadel
Papierpreis (1000 Blatt)			
Kosten Toner/Patrone/Farbband			
Haltbarkeit Toner/Patrone/Farbband			
Durchschnittliche Zeichen/1000 Blatt			
Durchschnittlicher Schwärzungsgrad		–	–
Kosten für Düsen/Nadelkopf	–		
Haltbarkeit der Düsen/des Nadelkopfs	–		
Summe Druckkosten für 1000 Seiten			

Eigene Anmerkungen:

- -

- -

- -

- -

- -

- -

- -

PC-Sicherheit

Das Kostensparpotenzial:

Die Kosten, die ein möglicher Ausfall von – vernetzten – PCs verursacht, hängen natürlich davon ab, an welcher Position und in welcher Funktion der PC gebraucht wird und welche Abläufe in Mitleidenschaft gezogen werden. Im allergünstigsten Fall kostet ein PC-Ausfall nur die Reparaturkosten. Dieser allergünstigste Fall dürfte jedoch ziemlich selten sein.

Um solche unnötigen Kosten zu vermeiden, sollten die PCs erstens regelmäßig – und automatisch als Grundfunktion des PCs – darauf überwacht werden, ob Sicherheitsmaßnahmen, z.B. Virenprogramme, fehlerhaft arbeiten, ausfallen, umgangen werden oder ob Standards veraltet sind (automatische „Warnung" beim Einschalten des PCs).

Zweitens sollte sichergestellt sein, dass nur die Nutzer den PC für bestimmte Aufgaben benutzen können, die über ausreichende Systemkenntnisse verfügen, um angemessen mit Objekten und Aktionen umgehen zu können. Außerdem muss gewährleistet sein, dass Sicherheitsmaßnahmen angenommen und akzeptiert werden.

Bei Arbeiten am PC muß Ablauftransparenz gegeben sein. Die notwendigen Arbeitsabläufe müssen klar und einfach sein und dem Nutzer sinnvoll erscheinen.

139. PC-Sicherheit

	nicht gewünscht	gewünscht	sofort zu realisieren	mittelfristig zu realisieren
Zugangs-, Eingabe-, Zugriffskontrollen:				
Kein Systemstart von Laufwerken				
Zugang nur mit Benutzererkennung				
Zugang nur mit Passwort				
Einrichtung von Berechtigungsstufen				
Manipulation der Grundkonfiguration nur durch autorisierte Personen				

139. PC-Sicherheit (Forts.)

	nicht gewünscht	gewünscht	sofort zu realisieren	mittelfristig zu realisieren
Protokollierung der Manipulationen				
Abschließen des PCs				
Abschließen der Laufwerke				
Abschließen der Tastatur (z.B. über key-card)				
Abschließen der Räume				
Datenträger-, Transportkontrollen:				
Verschlüsseln von Dateien, Datenträgern				
Regelmäßige Erstellung von Sicherungskopien				
Gesicherter Aufbewahrungsort für Sicherungskopien				
Nutzung von Systemkommandos eingeschränkt				
Kein Einsatz fremder Datenträger				

139. PC-Sicherheit *(Forts.)*

	nicht gewünscht	gewünscht	sofort zu realisieren	mittelfristig zu realisieren
Kein Einsatz nicht freigegebener Datenträger				
Kein Einsatz ungeprüfter Datenträger				
Trennung der Befugnisse:				
Software- und Hardware-Einrichtungen nur durch einen PC-Koordinator				
Einsatz von Software-Oberflächen, die nur den Weg in die zugelassenen Anwendungen erlauben				
Organisations-, Dienstanweisungen:				
Führen eines PC-Ausweises				
Definition der Verzeichnisstruktur				
Protokollierung der Verzeichnisstruktur				
Anlegen von Verzeichnissen nur durch autorisierte Personen				
Meldepflicht für Sicherheitsmängel				

139. PC-Sicherheit *(Forts.)*

	nicht gewünscht	gewünscht	sofort zu realisieren	mittelfristig zu realisieren
Speicher-kontrollen:				
Einsatz von mehreren Virenschutzprogrammen				
Regelmäßiger Update von Virenschutz-programmen				
Schulungen:				
Regelmäßige Schulung neuer PC-Nutzer				
Regelmäßige Weiterbil-dung nach Informations-stand				
Revision:				
Stichprobenüberprüfung des Systems				
Stichprobenüberprüfung der PC-Komponente				
Einsatz spezieller Revisi-onsprogramme				
Eigene Anmerkungen:				

Netzbedrohungen

Das Kostensparpotenzial:

Die Kosten, die ein möglicher Ausfall von – vernetzten – PCs verursacht, können in die Millionen gehen – je nachdem, wie gravierend und nachhaltig die Schädigung ist.

Unter Kostengesichtspunkten kann bewusste Sabotage zu vertretbaren Investitionen zwar nicht unmöglich gemacht, wohl aber erheblich erschwert werden. Mehr oder weniger zufällige Ausfälle dagegen können und müssen mit hoher Sicherheit unterbunden werden.

Möglich sind einerseits passive Angriffe auf Ihr Netz, das heißt, es finden keine Eingriffe und Modifikationen des laufenden Betriebs statt. Die Kommunikation zwischen berechtigten Kommunikationspartnern wird nicht gestört.

Bei aktiven Angriffen dagegen werden Operationen auf Objekte des Systems und auf Nachrichteninhalte ausgeführt. Der Systemzustand wird möglicherweise verändert.

140. Netzbedrohungen

	Gefahr wahrscheinlich	Gefahr möglich	Gefahr unwahrscheinlich	Vorsorgemöglichkeiten	Kosten der Vorsorge
Ausspionieren der Identifikation					
Ausspionieren von Nutzdaten					
Verkehrsflussanalysen					
Löschen von Nachrichten					
Modifikation von Nachrichten					
Wiederholung/ Wiedereinspielen von Nachrichten (Replay-Attacke)					

140. Netzbedrohungen *(Forts.)*

	Gefahr wahrscheinlich	Gefahr möglich	Gefahr unwahrscheinlich	Vorsorgemöglichkeiten	Kosten der Vorsorge
Hinzufügen zusätzlicher Nachrichten					
Maskerade					
Softwaremanipulation					
Unerlaubter Zugang zum System					
Leugnen des Nachrichtenempfangs					
Änderung des Routings					
Nicht autorisierter Gebrauch von Nachrichten und Daten (Zweckentfremdung)					
Nicht autorisierter Gebrauch von Betriebsmitteln					
Missbrauch von Diagnosewerkzeugen					
Gezielte Einpflanzung von Softwarefehlern (Viren, Würmer, Bugs, Trojanische Pferde, ...)					

140. Netzbedrohungen *(Forts.)*

	Gefahr wahrscheinlich	Gefahr möglich	Gefahr unwahrscheinlich	Vorsorgemöglichkeiten	Kosten der Vorsorge
Zufällige Verfälschung durch Softwarefehler					
Zufällige Verfälschung durch Übertragungsfehler					
Verzögerung durch Überlastung					
Bedienungsfehler					
Löschen von Daten					

Eigene Anmerkungen:

Schwachstellenanalyse

Das Kostensparpotenzial:

Je früher Kontrollen einsetzen, je einfacher die Kontrollmechanismen sind, desto weniger kosten sie. Das gilt gerade für EDV-Systeme. Hier müssen Sie darauf dringen, dass Sicherheitsmanagement eine vordringliche Aufgabe der Verantwortlichen ist und dass die Beachtung der Schutzmechanismen für die betroffenen Mitarbeiter zur absoluten Selbstverständlichkeit wird. Auch regelmäßige Kontrollen müssen selbstverständlich sein. Unter Umständen müssen Sie sich mit einzelnen Beschäftigten oder dem Betriebsrat abstimmen, um die Schutzkonzeption verbindlich zu machen.

141. Schwachstellenanalyse bei EDV-System-Bedingungen

	nein (1)	im Gange (2 = angefangen – 9 = fast beendet)	ja (10)	bereits angefallene Kosten	noch anfallende Kosten	mögliche Kosten (Risiken)
Hardware ausgewählt						
Hardware geprüft						
Software ausgewählt						
Software geprüft						
Ziele der Schutz- und Sicherheitskonzeption festgelegt						
Funktionen der Schutz- und Sicherheitskonzeption festgelegt						
Mechanismen der Schutz- und Sicherheitskonzeption festgelegt						

141. Schwachstellenanalyse bei EDV-System-Bedingungen *(Forts.)*

	nein (1)	im Gange (2 = angefangen – 9 = fast beendet)	ja (10)	bereits angefallene Kosten	noch anfallende Kosten	mögliche Kosten (Risiken)
Möglichkeiten der zufälligen Bedrohungen analysiert						
Schadenswertbestimmungen durchgeführt						
Möglichkeiten der aktiven Bedrohungen analysiert						
Schadenswertbestimmungen durchgeführt						
Möglichkeiten der passiven Bedrohungen analysiert						
Schadenswertbestimmungen durchgeführt						
Schwachstellenanalyse Identifikation und Authentifikation durchgeführt						
Schwachstellenanalyse Systemstrukturen durchgeführt						
Schwachstellenanalyse Akzeptierbarkeit/ Mitarbeiter durchgeführt						

141. Schwachstellenanalyse bei EDV-System-Bedingungen *(Forts.)*

	nein (1)	im Gange (2 = angefangen – 9 = fast beendet)	ja (10)	bereits angefallene Kosten	noch anfallende Kosten	mögliche Kosten (Risiken)
Schwachstellenanalyse Kontrollierbarkeit durchgeführt						
Restrisiko ermittelt						
Schutzbestimmungen in Einzelarbeitsverträge aufgenommen						
Schutzbestimmungen durch Betriebsvereinbarung für verbindlich erklärt						
Zielerreichungsgrad (1 – 10) kontrolliert						
Revision durchgeführt						

Eigene Anmerkungen:

- -

- -

- -

- -

- -

Datensicherheit

Das Kostensparpotenzial:

Datenschutz entwickelt sich immer mehr zu einem Thema, das im innerbetrieblichen Bereich größere Beachtung finden muss. Das liegt einmal daran, dass immer mehr personenbezogene Daten im Unternehmen selbst be- und verarbeitet werden oder zum Be- und Verarbeiten auf den unterschiedlichsten Wegen versendet werden.

Das liegt aber auch daran, dass die Kommunikation im Unternehmen, z.B. durch E-Mail und Internet, immer offener und damit anfälliger wird.

Die Unternehmen bzw. die für die Datensicherheit Verantwortlichen haften ihren Mitarbeitern und Kunden für möglicherweise entstehende Schäden durch mangelnde Datensicherheit und fehlenden oder fehlerhaften Datenschutz.

Wichtig ist es auch in diesem Bereich, Risiken zu erkennen, sie in ihrer Bedeutung für das eigene Unternehmen einzuschätzen und einen gangbaren Weg zwischen Wünschenswertem, technisch Machbarem und Notwendigem zu finden. Übermäßige Sicherheit oder Sicherheit für das „letzte Prozent" Risiko treiben die Kosten unverhältnismäßig in die Höhe, während das Versäumnis, real existierende Risiken nicht bestmöglich ausgeschaltet zu haben, sich unter Umständen nicht sofort, aber wenn, dann gewaltig rächt.

142. Grundlinien für Datensicherheitskonzepte

	ausgezeichnet	gut	durchschnittlich	schlecht	sehr schlecht
Übertragungsmöglichkeiten einer Problemlösung auf ein System der Informationstechnik					
Standard der technischen Lösung im Vergleich zu anderen automatisierten oder nicht automatisierten Lösungen					

142. Grundlinien für Datensicherheitskonzepte *(Forts.)*

	ausgezeichnet	gut	durchschnittlich	schlecht	sehr schlecht
Kostenverhältnis der technischen Lösung zu anderen automatisierten oder nicht automatisierten Lösungen					
Verlässlichkeit der technisch gefundenen Ergebnisse					
Durchschaubarkeit der Funktionsweise					
Kontrollierbarkeit der Funktionsweise					
Handling des Systems					
Beherrschbarkeit des Systems					

Eigene Anmerkungen:

- -

- -

- -

- -

- -

143. Internet-Provider

Leistungs-merkmal	Erläuterung	Hinweis	Eigene Anforderung
Zugangs-variante	Für die meisten kleinen und mittleren Unternehmen kommen vor allem Internetzugänge per Wählleitung (vor allem ISDN) oder über eine schnellere Breitbandanbindung (DSL) infrage. Bei der Nutzung der schmalbandigen Wählverbindungen (Dial-Up) muss man sich mit vergleichsweise geringen Übertragungsraten zufrieden geben. Pro ISDN-Kanal sind maximal 64.000 Bit/s möglich, Modemverbindungen über analoge Telefonanschlüsse sind mit max. 56.000 Bit/s nochmals langsamer. Hinzu kommen die recht hohen Kosten für diese Nutzungsvariante, da hier so gut wie ausschließlich Zeittarife angeboten werden, bei denen ein bestimmter Minutenpreis für die Online-Zeit berechnet wird. Wesentlich schneller sind Breitbandanbindungen. Diese sind etwa über DSL-Verbindungen, aber auch über Kabelanschlüsse oder Satellitenanbindungen realisierbar. Bei den meisten Breitbandzugängen werden unterschiedliche Tarifmodelle angeboten. Anders als bei den Dial-Up-Verbindungen sind hier auch Pauschaltarife (Flatrates) möglich.	Schmalbandzugänge sind eigentlich nur noch für Gelegenheitsanwender sinnvoll, die pro Monat nur wenige Stunden online sind. Wer das Internet intensiver nutzen möchte als nur einmal am Tag E-Mails abzurufen oder ein paar Mal die Woche das Online-Banking zu nutzen, sollte über einen Umstieg auf einen Breitbandanschluss nachdenken. Durch günstige Volumentarife bzw. Flatrates sind diese Anschlüsse schon ab etwa 20 bis 25 Nutzungsstunden im Monat preisgünstiger als die Wählverbindungen und bieten darüber hinaus noch deutlich mehr Komfort durch die wesentlich höheren Übertragungsgeschwindigkeiten.	
Breitband-zugänge	In Deutschland sind Breitbandzugänge weitgehend identisch mit DSL-Anschlüssen.	Für die meisten Anwender kommt mangels Alternativen eigentlich nur ein DSL-Anschluss infrage.	

143. Internet-Provider *(Forts.)*

Leistungs-merkmal	Erläuterung	Hinweis	Eigene Anforderung
	Es gibt eine ganze Reihe von DSL-Varianten (DSL steht für Digital Subscriber Line), jedoch hat sich hierzulande vor allem ADSL etabliert, für einige Anwender kann auch SDSL interessant sein. Diese DSL-Varianten haben den Vorteil, dass die Übertragung der Daten zu den Nutzern über die ganz normale Telefonleitung möglich ist und teure Investitionen in neue Infrastrukturen damit überflüssig werden. Zur Nutzung von DSL reicht es i.d.R. aus, einen so genannten Splitter an den Telefonanschluss (TAE) anzubringen, der die Datensignale für DSL von den Sprachsignalen der Telefongespräche trennt. Bei einigen DSL-Anbietern wird eine zweite TAE-Dose installiert, die dann exklusiv für den DSL-Anschluss genutzt wird, das dazu notwendige zweite Leitungspaar ist bei den allermeisten Telefonleitungen vorhanden. Eine andere Möglichkeit für schnelle Internetzugänge sind (TV-) Kabelanschlüsse. Während in anderen Ländern diese Art der Internetanbindung sehr populär ist, wird sie hierzulande kaum angeboten. Dies liegt daran, dass die meisten Kabelnetze in Deutschland nicht rückkanalfähig sind und diese Option erst mit viel Aufwand implementiert werden müsste.	Kabelzugänge sind derzeit nur sehr vereinzelt in einigen Großstädten und Ballungsgebieten zu finden und Satellitenanbindungen haben diverse Nachteile. Im Hinblick auf Leistungsvermögen gibt es zwischen DSL- und Kabelanschlüssen nur geringe Unterschiede. Bei Satellitenanbindungen muss man dagegen schon einige Abstriche machen. Neben der umständlichen Anbindung bei der Zwei-Wege-Technik gehören hierzu etwa die langen Signalaufzeiten, die sich bei der Nutzung verschiedener Dienste (wie etwa Internet-Telefonie) negativ bemerkbar machen. Auch die Anbindung von mehr als nur einem Rechner ist über Satellitenzugänge nur schwer möglich. Satellitenanschlüsse sind daher vor allem dann eine Alternative, wenn kein DSL- oder Kabelanschluss verfügbar ist. Mittlerweile gibt es hierfür auch Call-by-Call-Tarife, bei denen man ohne Vertragsbindung, Grundgebühr oder Mindestumsatz die Satellitenanbindung nutzen kann.	

143. Internet-Provider *(Forts.)*

Leistungs-merkmal	Erläuterung	Hinweis	Eigene Anforderung
	In Gegenden, in denen kein DSL angeboten wird, kann die Nutzung einer Satellitenanbindung ein Ausweg sein. Die meisten Satellitenzugänge funktionieren nach der Zwei-Wege-Technik, bei der nur der Download der Daten aus dem Internet über die Satellitenverbindung erfolgt, für den Rückkanal (Upload) jedoch zusätzlich noch ein konventioneller Zugang (per Modem / ISDN) benötigt wird. Bei der Ein-Weg-Variante erfolgt der Datentransfer in beide Richtungen über den Satellit, sodass auch eine Sendeanlage in der Satellitenanlage enthalten sein muss. Nur wenige Provider bieten diese Variante an, die hohe Investitionskosten (bis zu 1.000 EUR und mehr) für die Satellitenanlage notwendig macht.		
Dial-Up-Verbindungen	Bei Wählverbindungen per Analogmodem oder ISDN muss man sich nicht nur mit den deutlich langsameren Übertragungsgeschwindigkeiten zufrieden geben, auch bei den Tarifen hat man keine großen Auswahlmöglichkeiten. Vor allem Anwender, die das Internet sehr intensiv nutzen, werden Pauschalangebote (Flatrates) vermissen. Stattdessen gibt es hier zumeist nur Zeittarife, bei denen pro Minute Online-Zeit eine bestimmte Gebühr in Rechnung gestellt wird.	Aufpassen muss man bei einigen Dial-Up-Tarifen, bei denen neben einem Minutenpreis noch eine zusätzliche Einwahlgebühr erhoben wird. Vor allem Anwender, die sich häufiger am Tag kurzzeitig einwählen, etwa um nach neuen E-Mails zu schauen oder sonstige Nachrichten abzurufen, zahlen bei diesen Tarifmodellen dann insgesamt recht hohe Gebühren, da das Einwahlentgelt bei jeder einzelnen Einwahl neu anfällt.	

143. Internet-Provider *(Forts.)*

Leistungs-merkmal	Erläuterung	Hinweis	Eigene Anforderung
	Die einfachste Variante sind die Call-by-Call-Angebote, bei denen man sich ohne Anmeldung und Vertragsbindung bei einem Provider einwählen kann. Die Rechnungsstellung erfolgt hier i.d.R. über die Telefonrechnung des jeweils genutzten Anschlusses. Daneben gibt es Tarifangebote, bei denen man sich per Vertrag an einen Provider bindet. Hier erfolgt dann eine separate Rechnungsstellung. Mit den Zugangsdaten kann man sich von verschiedenen Anschlüssen einwählen. Die meisten Provider bieten auch Modelle mit einer monatlichen Grundgebühr bzw. einem Mindestumsatz an, bei denen dann die Minutenpreise etwas günstiger sind als bei den Call-by-Call-Angeboten.	Im Extremfall kann sich der scheinbar günstige Minutenpreis hierdurch vervielfachen.	
ADSL	Die weitaus häufigste DSL-Variante ist das asymmetrische DSL (ADSL), bei dem die Daten mit wesentlich höherer Geschwindigkeit empfangen (Download) als gesendet (Upload) werden können. ADSL erlaubt maximale Downloadraten von bis zu 8 MBit/s, unter realen Bedingungen dürften es wohl etwa 6 MBit/s werden. Derzeitige Angebote reichen von 1 bis 3 MBit/s. Es ist anzunehmen, dass die DSL-Betreiber die Geschwindigkeiten zukünftig weiter erhöhen werden.	Die niedrigere Uploadgeschwindigkeit bei ADSL spielt für die meisten Nutzungsmöglichkeiten so gut wie keine Rolle, da ohnehin die meisten Daten vom Internet zum Anwender fließen. Zudem haben die DSL-Anbieter inzwischen auch die Upload-Geschwindigkeiten erhöht, die jetzt zwischen 128 und 384 kBit/s liegen. Hierüber lassen sich dann auch Dienste wie etwa Video-Telefonate oder größere Datei-Uploads recht komfortabel realisieren.	

143. Internet-Provider (Forts.)

Leistungs-merkmal	Erläuterung	Hinweis	Eigene Anforderung
	ADSL ist in weiten Teilen des Bundesgebiets erhältlich, allerdings wird es auch zukünftig einige Regionen geben, die nicht mit DSL versorgt werden können. Dies betrifft vor allem Teilnehmeranschlüsse, die zu weit von der nächsten Vermittlungsstelle entfernt sind, da mit ADSL maximal drei bis vier Kilometer überbrückt werden können. Zum anderen sind Regionen betroffen, in denen bereits moderne Glasfaserkabel verlegt sind, da ADSL hiermit nicht ohne weiteres arbeitet. Der mit Abstand größte DSL-Anbieter ist die Telekom, bzw. die Festnetzsparte T-Com. Anders als die meisten anderen Konkurrenten ist T-Com mit ihren Anschlüssen auch in der Fläche vertreten. In kleineren Städten und auf dem Land sind die Angebote der T-Com daher oftmals die einzige Möglichkeit für einen Breitbandanschluss. T-Com vermarktet die ADSL-Anschlüsse unter der Bezeichnung T-DSL.	Will man für den DSL-Anschluss einen anderen Anbieter als T-Com, muss man bei einigen Unternehmen auch den Telefonanschluss von diesem Unternehmen beziehen, denn einige Anbieter wie etwa Arcor bieten DSL ausschließlich zusammen mit den eigenen Telefonanschlüssen an. Andere DSL-Provider wie etwa QSC ermöglichen dagegen die Beibehaltung des vorhandenen Telefonanschlusses und nutzen einen separaten Anschluss für DSL.	
T-DSL	Bei Nutzung eines T-DSL-Anschlusses der Telekom müssen – anders als bei den Angeboten anderer DSL-Anbieter – zusätzlich noch die Dienste eines DSL-Providers in Anspruch genommen werden. Bei T-DSL erhält man zunächst einmal nur den DSL-Anschluss bzw. die DSL-Technik, für	T-DSL gibt es derzeit in drei verschiedenen Geschwindigkeitsklassen (1, 2 und 3 MBit/s). Für die übliche Nutzung wie E-Mail, Abruf von Web-Seiten, Chats etc. reicht die unterste Geschwindigkeitsstufe bereits aus.	

143. Internet-Provider *(Forts.)*

Leistungs-merkmal	Erläuterung	Hinweis	Eigene Anforderung
	die Anbindung ans Internet sorgt dann der T-DSL-Provider. Diese Zweiteilung erschwert den Preisvergleich, da bei den Angeboten anderer Unternehmen DSL-Anschluss und DSL-Internetzugang immer zusammen angeboten werden. Bei ihren Business-Angeboten tritt die Telekom (bzw. T-Com) dagegen automatisch auch als Internetprovider auf. Hier erhält man wieder beide Komponenten aus einer Hand.		
SDSL	Bei der symmetrischen DSL-Variante SDSL sind Upload- und Downloadgeschwindigkeit gleich. Es können also Daten mit derselben Geschwindigkeit gesendet und empfangen werden. SDSL-Anschlüsse bieten maximale Übertragungsraten von 2,3 MBit/s in beide Richtungen, können also nicht mit den Downloadraten von ADSL mithalten. Häufig werden aber auch deutlich langsamere Varianten ab etwa 128 oder 256 kBit/s angeboten. Die hohen Uploadraten werden nur von vergleichsweise wenigen Anwendungen genutzt. Hiervon profitieren etwa Video-Konferenzen via Internet oder auch Anwender, die häufig große Datenmengen verschicken, etwa bei der Pflege von externen Webservern etc.	SDSL-Anbindungen werden zumeist für Firmenkunden angeboten. Sie sind deutlich teurer als ADSL-Anbindungen, lediglich in den langsamen Versionen sind die Gebühren ähnlich niedrig wie bei ADSL. Angesichts der erhöhten Uploadgeschwindigkeiten in den neueren ADSL-Angeboten lohnen sich die teureren SDSL-Zugänge nur noch für die wenigsten Nutzer.	

143. Internet-Provider *(Forts.)*

Leistungs-merkmal	Erläuterung	Hinweis	Eigene Anforderung
Fastpath und Inter-leaving	Bei den DSL-Zugängen gibt es die beiden Varianten Fastpath und Interleaving. Die meisten Anbieter nutzen Fastpath, das kürzere Reaktionszeiten ermöglicht, indem es eine vereinfachte Fehlerkorrektur beinhaltet. Die kurzen Reaktionszeiten sind nicht nur für Online-Spiele wichtig, sondern können auch bei Anwendungen wie Internet-Telefonie für eine höhere Qualität sorgen.	Bei den T-DSL-Anschlüssen ist standardmäßig Interleaving vorgegeben, gegen einen geringen monatlichen Aufpreis ist aber auch hier die Umstellung auf Fastpath möglich.	
Zusatz-leistungen	Neben dem Internetzugang bieten viele Provider auch verschiedene Zusatzleistungen an. Diese Angebote reichen von einer (oder mehreren) E-Mail-Adressen über Webspace für die eigene Homepage bis zur eigenen Internet-Domain. Auch zusätzliche Sicherheitspakete wie ein Virenschutz oder Spam-Filter gehört zu manchen Angeboten.	Die meisten dieser Zusatzleistungen kann man auch an anderen Stellen im Internet als Gratisangebot bzw. gegen ein geringes monatliches Entgelt bekommen. Vor allem bei der E-Mail-Adresse sollte man eher zurückhaltend sein, denn diese wird z.B. dann obsolet, wenn man zu einem späteren Zeitpunkt einmal den Provider wechselt. E-Mail-Adressen von spezialisierten Mail-Anbietern oder besser noch die eigene Domain sind oftmals die günstigere Wahl, da man hiermit unabhängiger ist.	
Tarifmo-delle	Bei den DSL-Angeboten gibt es drei Tarifvarianten. Neben Pauschaltarifen gibt es Volumen- und Zeittarife. Für Vielsurfer dürften die Pauschaltarife (Flatrates) die optimale Wahl sein, denn für eine monatliche Grundgebühr kann	Mit dem Abruf üblicher Websites, dem Empfang und Versand von E-Mails oder Chats werden nur sehr selten Datenmengen von mehr als 10 GByte im Monat erzeugt. Für diese Art der Nutzung sind daher Volumentarife mit entspre-	

143. Internet-Provider *(Forts.)*			
Leistungs-merkmal	Erläuterung	Hinweis	Eigene Anforderung
	man ohne jede Einschränkung Daten übertragen und rund um die Uhr online sein. Mitunter günstiger sind allerdings Volumentarife, bei denen ein bestimmtes Datenvolumen im monatlichen Grundpreis enthalten ist. Da die Datenmengen bei konventioneller Nutzung recht überschaubar bleiben, können die Volumentarife, die zumeist deutlich billiger sind als die echten Flatrates, ein besseres Angebot sein, wenn das Freivolumen hoch genug ist. Wird das Freivolumen überschritten, muss jedoch jedes zusätzliche MByte extra bezahlt werden. Ebenso wie bei den Dial-Up-Zugängen bieten immer mehr Provider auch Zeittarife an, die jedoch nur sehr begrenzt sinnvoll sind. Lediglich für Nutzer, die vergleichsweise kurz online sind, dann aber häufiger große Datenmengen übertragen (Videos, Programmdateien etc.), sind diese Angebote interessant.	chend hohen Freivolumina die optimale Variante. Selbst wenn mehrere Rechner ans Internet angeschlossen werden, dürfte dies die richtige Wahl sein. Sollen dagegen häufig große Daten wie etwa Videos heruntergeladen werden oder Live-Streaming-Events verfolgt werden, empfiehlt sich eher eine Flatrate, da schnell erhebliche Datenmengen zusammenkommen.	

Eigene Anmerkungen:

144. Web-Hosting

Leistungs-merkmal	Erläuterung	Hinweis	Eigene Anforderung
Shared Server oder Dedicated Server	Nutzt man die Ressourcen eines Webservers zusammen mit anderen Kunden des Webspace-Providers spricht man vom Shared Hosting, mietet man dagegen einen Server exklusiv für die eigene Nutzung, fällt dies unter den Begriff Dedicated Server (dedizierter Server). Beim Shared Hosting fassen die Anbieter allein schon aus Kostengründen möglichst viele Angebote auf einem Server zusammen, was die Performance des Systems negativ beeinflussen kann, wenn etwa zu viele Seitenabrufe parallel stattfinden. Außerdem gibt es hier mitunter Einschränkungen beim Einsatz von Skripten, Datenbankanbindungen oder sonstigen Techniken. Shared Hosting gibt es bei einigen Anbietern sogar zum Nulltarif, bei anderen muss man hierfür zusammen mit einer Domain lediglich ein paar Euro im Monat zahlen. Bei der exklusiven Nutzung eines Servers gibt es derartige Einschränkungen nicht. Allerdings ist hier der Nutzer weitgehend eigenverantwortlich für Verwaltung und Pflege des Systems und die hier installierten Dienste bzw. Anwendungen. Man kann einen Teil dieser Aufgaben an die Provider übertragen, indem man Server mit	Für kleine, einfach aufgebaute Internet-Angebote bis hin zu Web-Auftritten mittlerer Größenordnung reicht das Shared Hosting zumeist schon aus. Dedizierte Server sind eigentlich nur dann notwendig, wenn große, komplexe Systeme gehostet werden sollen, bei denen umfangreiche Datenbankanwendungen benötigt werden und eine hohe Performance gegeben sein muss.	

144. Web-Hosting *(Forts.)*

Leistungs-merkmal	Erläuterung	Hinweis	Eigene Anforderung
	Management mietet, was jedoch einen deutlichen Aufpreis kostet. Dedicated Server gibt es zumeist auf Linux-Basis, je nach Leistungsfähigkeit des Systems (Prozessor, Plattenkapazität) kosten derartige Systeme zwischen 20 und 100 EUR pro Monat. Server auf Windows-Basis sind zumeist etwas teurer und werden auch deutlich seltener angeboten.		
Eigene Domain	Für kommerzielle Angebote unerlässlich, aber angesichts der mittlerweile günstigen Preise auch für private Homepages angeraten ist in jedem Fall die eigene Internet-Domain (Adresse). Die eigene Domain hat nicht nur den Vorteil, dass man hiermit über eine vergleichsweise einfache Web-Adresse (www.mustermann.de) erreichbar ist, zugleich kann man permanent gültige E-Mail-Adressen (peter@mustermann.de) nutzen, die man auch bei einem Wechsel des Providers behalten kann.	Die eigene Internet-Domain ist häufig schon Bestandteil von Web-Hosting-Paketen. Selbst in den billigsten Angeboten von unter 1 EUR pro Monat ist diese Adresse zumeist enthalten.	
Umfang des Webspace	Selbst die billigsten Shared-Hosting-Angebote oder sogar die Gratis-Webspace-Offerte bieten häufig einen Speicherplatz von 10 bis 100 MByte. Das ist für viele Angebote, die aus einfachen, überwiegend statischen HTML-Seiten bestehen, bereits mehr als ausreichend.	Nur in wenigen Ausnahmefällen wird ein Speicherplatz von mehreren GByte tatsächlich benötigt. Lediglich wenn man viele große Dateien zum Download anbieten will, werden entsprechend große Kapazitäten benötigt.	

144. Web-Hosting *(Forts.)*

Leistungs-merkmal	Erläuterung	Hinweis	Eigene Anforderung
	Die etwas höherpreisigen Angebote umfassen bis zu mehreren GByte Kapazität und beim Dedicated Server ist der Speicherplatz nur durch die Kapazität der Festplatte des Rechners begrenzt.		
Transfer-volumen	Wesentlich wichtiger als der Umfang des Webspace ist dagegen das im monatlichen Mietpreis enthaltene Transfervolumen. Sollte sich ein Angebot als besonders attraktiv erweisen und zahllose Besucher anlocken, können recht schnell erhebliche Volumina erreicht werden. Wird dann das vereinbarte Datenvolumen überschritten, kostet jedes zusätzliche MByte oder GByte extra.	Bei einfachen, überschaubaren Angeboten ohne größere Multimedia-Inhalte oder Downloadangebote reichen i.d.R. bereits kleine Transfervolumen von einigen GByte aus. Erst umfangreiche, gut besuchte Websites mit Downloadangeboten erreichen die Größenordnungen der mittleren Webspace-Angebote mit 10 bis 50 GByte. Noch größere Datenmengen werden nur bei den allerpopulärsten Webseiten oder Sites mit sehr umfangreichen und attraktiven Downloadangeboten erreicht.	
E-Mail-Konten	Zusammen mit dem Webspace und der eigenen Domain bieten die meisten Provider gleich auch E-Mail-Adressen an. Selbst bei den preiswerten Einstiegsangeboten gibt es schon 10 oder mehr E-Mail-Konten dazu, was z.B. für Kleinunternehmen ausreichen kann. In den mittleren und großen Paketen sind mitunter sogar hunderte von E-Mail-Adressen enthalten.	Man muss bei den E-Mail-Angeboten allerdings genau zwischen echten E-Mail-Konten und einfachen E-Mail-Adressen unterscheiden. Echte E-Mail-Konten sind gewissermaßen eigenständige Postfächer, die einem Nutzer exklusiv zur Verfügung gestellt werden können. Unter der Bezeichnung E-Mail-Adresse werden mitunter einfache Alias-Namen für ein solches	

144. Web-Hosting *(Forts.)*

Leistungs-merkmal	Erläuterung	Hinweis	Eigene Anforderung
		E-Mail-Konto angeboten. Zu einem Konto kann es dabei zahlreiche E-Mail-Adressen geben. Mails, die an diese unterschiedlichen Alias-Adressen gehen, landen dann alle zusammen in einem Konto. Im Zweifelsfall sollten Sie beim Provider nachfragen, was genau er unter E-Mail-Adresse bzw. E-Mail-Konto versteht, da es hier keine einheitliche Sprachregelung gibt.	
Skriptsprachen und Datenbanken	Für anspruchsvolle Web-Angebote wie z.B. interaktive Inhalte, werden Skriptsprachen und häufig auch Datenbankanwendungen auf dem Server benötigt. In den Shared-Hosting-Paketen muss man sich häufig mit deutlichen Einschränkungen begnügen. Erst beim Dedicated Server ist man in dieser Hinsicht keinen Beschränkungen mehr unterworfen.	Bevor Sie sich für ein Web-Angebot entscheiden, sollten Sie mit dem Webdesigner abklären, welche Techniken (Skriptsprachen, Datenbanksysteme, Server-Erweiterungen wie ASP, Cold Fusion etc.) für die Website benötigt werden. Lassen Sie sich dann vom Provider die Unterstützung dieser Techniken auf seinen Servern bestätigen bzw. suchen Sie die entsprechenden Angebote aus.	
Online-Shop	Soll das eigene Web-Angebot auch einen Online-Shop enthalten, müssen Sie nicht zwangsläufig viel Geld in die Entwicklung einer eigenen Shop-Software stecken oder eine teuere Standard-Software anschaffen. Bei den meisten Webspace-Providern gibt es auch Miet-Shops, die für eine vergleichsweise geringe Monatsgebühr genutzt werden können.	Online-Shopper erwarten bestimmte Standards und legen vor allem im Hinblick auf die Sicherheit recht hohe Maßstäbe an. Auch ein kleiner Online-Shop sollte daher z.B. Features wie eine SSL-Verschlüsselung zur sicheren Übertragung von sensiblen Daten ermöglichen.	

144. Web-Hosting *(Forts.)*

Leistungs-merkmal	Erläuterung	Hinweis	Eigene Anforderung
	Diese Mietshops sind in bestimmten Grenzen anpassbar und können etwa auf das Design des eigenen Web-Auftritts abgestimmt werden. Hinsichtlich der Funktionalität müssen sie den Vergleich mit Speziallösungen zumeist ebenfalls nicht scheuen.		
Datensicherung	Die meisten großen Provider bieten umfangreiche Sicherheitsvorkehrungen in ihren Server-Farmen an, sodass Störfälle nur sehr selten auftreten. Um Datenverluste zu vermeiden, sollte ein regelmäßiges Backup der Daten zum Leistungsumfang gehören.	Beim Shared Hosting gehört die regelmäßige Datensicherung zumeist zum Leistungsspektrum, bei den dedizierten Servern muss man sich in aller Regel selbst um die Sicherung kümmern oder kann gegen Aufpreis eine Sicherung durch den Provider durchführen lassen.	
Service / Support	Erhebliche Unterschiede kann es im Bereich Service und Support zwischen den Anbietern geben. So verwenden viele Provider bei den Billigangeboten die teuren 0190er-Servicerufnummern, während Nutzer der höherpreisigen Angebote zu günstigeren Konditionen mit Support-Mitarbeitern Kontakt aufnehmen können.	Für die Nutzung eines 24-Stunden-Supports verlangen einige Provider Aufpreise. Notwendig ist diese Option eigentlich nur für Web-Angebote, die von wesentlicher Bedeutung sind.	

Eigene Anmerkungen:

- -

- -

- -

- -

Adressen der Autoren

Dr. Claudia Ossola-Haring
OH-Wirtschaftskommunikation
Ringstraße 11
79241 Ihringen
Tel.: 0 76 68 / 90 12 00
Fax: 0 76 68 / 90 12 01

p.i.t.-Organisationsberatung
Peter Karg
Susanne Legler
Alt-Moabit 91d
10559 Berlin
Tel.: 0 30 / 43 67 82 22
E-Mail: p-i-t@p-i-t.org

Andreas Hein
TexPress
Redaktionsbüro Freiburg und Schirmer GdbR
Hedwig-Lange-Weg 5
37242 Bad Sooden-Allendorf

CD-Benutzerhinweise

Systemvoraussetzungen: Windows 95x, 98, 2000, NT, ME, XP, Macintosh

Starten der CD-ROM:

Windows:
Voraussetzung: Adobe Acrobat Reader ist auf dem System installiert.
Legen Sie die CD-ROM in das CD-ROM-Laufwerk ein. Die CD-ROM startet selbstständig.
Falls Ihr Computer keinen Autostart unterstützt, öffnen Sie bitte im Explorer das Verzeichnis der CD-ROM und starten durch Doppelklick die Datei „Vorspann\Titelseite.pdf".

Apple Macintosh:
Voraussetzung: Adobe Acrobat Reader ist auf dem System installiert.
Legen Sie die CD-ROM in das CD-ROM-Laufwerk ein.
Öffnen Sie bitte im Explorer das Verzeichnis der CD-ROM und starten durch Doppelklick die Datei „Vorspann\Titelseite".

Navigator:
Nachdem die Titelseite auf dem Monitor zu sehen ist, kommen Sie durch anklicken des Lesezeichens „*Inhalt*" auf die Seite „*Inhaltsverzeichnis*". Hier gelangen Sie durch anklicken der „*Lesezeichen*" oder direkt im „*Inhaltsverzeichnis*" auf ein Kapitel zum jeweiligen Thema.

Am Ende jeder Checkliste befinden sich die beiden Button „*Formular leeren*" und „*Speichern*" mit den nachstehend beschriebenen Funktionen:

Unter „*Speichern*":
Hier speichern Sie Ihre ausgefüllte Checkliste unter „*Save*" ab. Unter „*Reload*" rufen Sie Ihre Version der Checkliste wieder auf. Unter „*Delete*" löschen Sie die jeweilige Version.

Unter „*Formular leeren*":
Hier werden die „*Checklisten/Formulare*" bereinigt. Dabei ist wichtig, dass nach dem Bearbeiten des Originaldokuments und dem speichern dieser Version das Originaldokument wieder **bereinigt** wird mit „*Formular leeren*"; die gespeicherte Version kann dann wieder über „*Reload*" aufgerufen werden.

Stichwortverzeichnis

A

Absatz-/Umsatzentwicklung, 261
Akkordlohn, 222
Anlagenbuchhaltung, 178
Anlagevermögen, 180
Äquivalenzziffern, 20
Arbeits-
 -gestaltung, 200
 -organisation, persönliche, 207
 -platz-Drucker, 289
Außen-
 -dienst, 59
 -standsmanagement, 97

B

Beschäftigungsstrukturen, 240
Besprechungsmanagement, 209
Bestandsveränderungen, 18
Bestellungen, 68
 –, Fortschreibung, der, 74
Bestellungserfassung, 73
Bewerbungs-
 -gespräch, 197
 -unterlagen, 195
Bezugskosten, 35
Bilanzierung
 –, nach, IAS/IFRS, 159
 –, konservative, 168
 –, progressive, 165
Bilanz-
 -kennzahlen, 170
 -planung, 170
 -rating, 142

 -statistik, 170
Bonitätsrating, 142
Branchenrating, 142
Buchhaltung, 178
Budget-
 -kontrolle, 131, 137
 -rechnung, 27
Büro-PC, 272

C

Controlling-System, 33
Creditrating, 142

D

Daten-
 -fernübertragung, (DFÜ), 59
 -sicherheit(s-), 307
  -konzepte, 307
Deckungsbeitrag, 16
Desktop-Betriebssystem, 267
Druckerauswahl, 294

E

EDV-System, 265
Eigen-
 -fertigung, 100
 -kapitalbeschaffungsmaß-
  nahme, 144
Einkaufs-
 -abteilung, 78
 -kontrolle, 72
 -prozess, 72
 -strategie, 79
Einzelkosten, Kostensparpoten-

ziale bei, 23
Entgeltfindung, 221
Equityrating, 142
Erfolgsbeteiligung, betriebliche, 223

F

Factoring, 152
Fehlzeitenanalyse, 204
Fertigungstiefe, 11
Fluktuation, 37
Fördergespräch, 211
Forderungs-
 -ausfälle, 97
 -überwachung, 92
 -verwaltung, 92
Forschungs- und Entwicklungs-
 kosten, 133
Fremd-
 -bezug, 100
 -finanzierung, 150
 -kapital, 145
 -leistungen, 34
Fuhrpark-Controlling, 51
Führungssituation, 215
Funktionstrennung, 75

G

Gemeinkosten, Kostensparpo-
 tenziale, bei, 26
Gesamt-
 -kostenverfahren, 18
 -rating, 142

Gewinn- und Verlustrechnung, 18

H
Herstellkosten, 29

I
Inflation, 108
Informationsbedarf, unternehmensspezifischer, 117
Instandhaltungsmaßnahmen, 55
Internet-Provider, 309
Investitionsvorhaben, 64
Ist-Werte, 33

J
Jahresabschluss, 15, 159

K
Konfliktmanagement, 217
Kosten(-)
 –, sonstige, 57
 -einsparungen, 13
 -entwicklungsprognose, 115
 -kontrolle, 27
 -management, 23
 -planung, 27
  –, vollständige, 28
 -Reporting, 11
 -sparpotenziale
  –, bei Einzelkosten, 23
  –, bei Gemeinkosten, 23
 -treiber, heimliche, 127
Krankenstände, 37
Kreditlimitierung, 91
Kreditorenzyklus, 67

Kündigung,
 –, außerordentliche, 237
 –, krankheitsbedingte, 239
 –, personenbedingte, 232
 –, verhaltensbedingte, 234

L
Ladenhüter, 20
Lager-
 -Controlling, 35
 -haltung(s-), 258
 -kosten, 258
  –, Minderung, der, 261
Länderrating, 142
Leasing, 55, 153
Leistungs-
 -beurteilung, 194
 -zulagen, 222
Lieferantenauswahl, 80
Liefergeschwindigkeiten, 35
Liquiditätsbedarf, 143
Logistik, 107
Lohn-/Gehaltsnebenkosten, 250

M
Material-
 -aufwand, 34
 -Controlling, 34
 -einkauf, 34
 -wirtschaft, 105
Mitarbeiter(-)
 –, außertarifliche, 222
 –, tarifliche, 222
 -motivation, 218
Monitor, 277

N
Netzbedrohungen, 301
Notebook, 283
Nutzung, kritische, 64

O
Outsourcing, 37, 230

P
PC-
 -Ausstattung, 59
 -Sicherheit, 297
Personal-
 -abbau, 228
 -aufgaben, 246
 -aufwand, 37
 -beurteilung, 192
 -Controlling, 226
 -entwicklung, 214
 -kosten(-)
  –, Senkung der, 240
  -Controlling, 37
 -planung, 185
 -reduzierung, 227
 -verantwortliche, 243
 -wesen, 185, 242
 -wirtschaft, 243
Planung, Reisekosten, 53
Plan-Werte, 33
Preisuntergrenzen, 11
Produkte-Mix, 98
Produktions-
 -programm, optimales, 11
 -rhythmen, 35

R

Rating(-), 141
- –, externes, 142
- –, internes, 142
- -systeme, 142

Raum-
- -bedarf, 40
- -kosten-Controlling, 40

Rechnungs-
- -kontrolle, 82
- -management, 86

Reisekosten(-)
- –, Planung, 53
- -Controlling, 52

Renner, 20

Reparaturen, 55

S

Sachleistungen, 222

Sensitivitätsanalyse, 64

Sozialleistungen, betriebliche, 223

Stellen-
- -beschreibung, 188
- -besetzungsplan, 187

Steuererklärungen, 159, 176

Steuern, 43

T

Target, Costing, 13, 22

Total-Quality-Management (TQM), 14

U

Umlaufvermögen, 182

Umsatzkostenverfahren, 15, 17

Unfallverhütung, 202

Unternehmens-
- -kommunikation, interne, 220
- -versicherungen, 49

V

Veranstaltungskosten, 120

Verkaufs-
- -mengen, kritische, 64
- -preise, kritische, 64

Versicherungen, 45
- -Unternehmens-, 49

Vertriebs-
- -kosten/Verkaufsnebenkosten, 256
- -weg, optimaler, 255

Verwaltungs-Gemeinkosten, 135

W

Wareneingangskontrolle, 76

Web-Hosting, 317

Wirtschaftlichkeitsüberwachung, 105

Z

Zahlungs-
- -kontrolle, 88
- -vorgänge, 88

Zeitlohn, 222

Ziel-
- -kosten, 13, 22
- -preise, 13

REDLINE WIRTSCHAFT

Claudia Ossola-Haring (Hrsg.)
Die 144 besten Checklisten zur sinnvollen Kostensenkung
Für alle betrieblichen Bereiche / Schnell einsetzbar / Praxiserprobt
3., aktualisierte Auflage
ca. 328 Seiten
Format 21 x 29,7, Hardcover mit CD-ROM
€ 88,00 / CHF 144,00
ISBN 3-636-03007-8

Peter R. Preißler
Die besten Checklisten Controlling
Produktivitätskontrollen / Investitions- und Wirtschaftlichkeitsberechnungen / Wertanalysen / Berichtssysteme / Kennzahlensysteme / Schwachstellenanalysen und Kosteneinsparpotenziale
4., aktualisierte Auflage
ca. 300 Seiten
Format 21 x 29,7, Hardcover
€ 88,00 / CHF 144,00
ISBN 3-636-03011-6

Claudia Ossola-Haring (Hrsg.)
Die 499 besten Checklisten für Ihr Unternehmen
Kurz und knapp / Schnell einsetzbar / Praxiserprobt
4., aktualisierte Auflage
ca. 800 Seiten
Format 21 x 29,7, Hardcover mit CD-ROM
€ 129,00 / CHF 204,00
ISBN 3-636-03016-7

Jetzt in Ihrer Buchhandlung! **www.redline-wirtschaft.de**